会·展·专·业·系·列·教·材

EXHIBITION COPYWRITING

会展文案写作

方玲玲 洪长晖 主编

ZHEJIANG UNIVERSITY PRESS

浙江大学出版社

丛书序

　　进入21世纪,会展业已成为举世瞩目的朝阳产业。会展人才培养伴随着我国会展业的迅速发展显得越来越重要。随着目前我国会展业人才全国性紧缺局面的出现,我国会展教育将面临着历史性的"朝阳"机遇。2012年教育部将会展经济与管理专业从试办专业转为目录内专业,成为旅游管理一级学科下的二级学科专业,中国会展教育又迎来了一个新的蓬勃发展时期。

　　位于经济发达省份、会展教育大省的浙江大学城市学院是全国最早开展会展教育的院校之一。其依托杭州打造会展城市的地缘优势,于2003年在广告学专业下面开设会展策划与组织专业方向、旅游管理专业下开设会展旅游专业方向,并同期成立了"杭州城市会展研究发展中心",2007年正式获得教育部批准试办会展经济与管理本科专业,从而成为目前发展较为成熟的、在全国有较大影响的会展专业院校。该校在传媒与人文学院下设置会展经济与管理专业,以营销传播的视角,通过会展线下与媒体线上的整合来培养会展专业人才,成功探索出了一套独具特色的会展人才培养模式。这一模式涵盖了高校与政府、协会紧密合作的政产学研路径、"政府—协会—高校"三方互动的会展人才培养机制和良好的会展教育生态环境;并在此基础上构建了以会展经济与管理专业和杭州城市会展研究发展中心相融合的"专业＋中心"的人才培养架构,形成了拥有专业教师、专职员工的"9＋13"特色师资团队,成为浙江大学城市学院重要的会展人才培养特色和资源。通过直接承办或参与中国城市会展高峰论坛、中国城市会展教育高峰论坛、全民饮茶日、浙江大学生创意生活节等各种会展项目,融项目运作于专业人才的培养之中,形成的基于真实项目运作的"项目驱动"创新型高级会展人才培养模式是浙江大学城市学院良好会展教育生态的点睛之笔。该校教学团队于2011年出版的《会展特色专业建设理念、实践与探索》,不仅成为国内第一本会展教育教学改革的专著和示范性模式,也在国内会展教育界确立了较高的知名度和美誉度。

　　欣闻浙江大学城市学院利用自身在会展教育界的先发优势和积累的办学经验,在魏绍相会展研究与发展基金的支持下,联合浙江省10余所会展院校的专业骨干教师,编著了一套集会展基础理论、会展营销、会展策划、会展文案、会展沟通与谈判、会展公关、会展企业文化、会议策划与组织、展览策划与组织、大型活动策划与组织等多内容、广视野,理论与实践并举的,适用于会展专业教育的"会展专业系列教材"。相信此系列教材的出版能为我国会展教育提供一套既见森林、又见树木的专业教材,为我国会展专业教育提供一个规范性的、示范性的教学范式与体系。

此系列教材的出版是浙江省会展教育的成果,也是浙江大学城市学院会展经济与管理特色专业建设的结晶,期待这一成果能在全国会展专业教育中开花结果。

是为序!

中国旅游教育协会副会长,中国旅游安全研究基地主任
华侨大学二级教授、博导,武夷学院旅游学院院长

郑向敏 博士

2013 年 9 月 25 日

目　　录

第一章　会展计划方案

凡事预则立不预则废,做好计划是举办会展的前提条件,而一个好的计划离不开调研和分析,本章从市场调研、立项计划书、可行性报告三个方面介绍会展计划方案。

第一节　市场调研及文案写作

本节由市场调研和文案写作两部分组成,主要介绍市场调研的内容、方法、步骤、调查表和调查报告,以及文案写作的四个要素包括主题、材料、结构和语言。

一、市场调研

(一)市场调研的内容

会展活动往往涉及主办方、参办方、承办方、场地、观众等方面,又包括计划、组织,运作,实施,总结,反馈等多个阶段,所以要考虑的因素不少,头绪比较多。因此在举办会展之前,需要进行切实可靠的市场调研,撰写市场调查报告,以便为会展活动的有序开展奠定基础,也为会展项目立项和进行可行性分析做好前期准备,所以说,市场调研是办好会展的第一步。

通常来讲,会展的组织方进行的市场调研主要包括以下几方面内容:

1.关于城市发展会展业选择什么项目作为起点的调研

此类调研必须全面了解本地、本区域的经济结构、产业结构、地理位置、交通状况、展馆条件等因素,优先考虑本区域的优势产业、主导产业、重点发展的行业、政府扶植的行业,具体分析行业市场状况,摸清行业归属;分析办展资源,如资金、人力、物力、信息(目标客户的信息、合作单位的信息、行业产业信息)和其他社会资源(政府主管部门、全国及海外合作伙伴、招展组团的代理机构、专业传媒和大众传媒等)。

2.确定某会展项目以什么为主题的调研

展览会的名称、基本理念和具有延续性并相互独立的主题都应在相关调研的基础之上予以确立。主题调研不仅应广泛研究已有会展的主题性质与分类,同时也可以通过民意调研的手段广泛了解和听取群众意见。

3. 对参加会展的人数的调查预测

参观人数的预测直接影响场馆选择、门票定价、办展时间、预算等一系列重大决策。即便对于举办多年的固定会展,人数的预测仍非易事,诸多不确定因素都有可能导致预测的失误,如天气条件、突发事件、同类会展的竞争等。因此,参观人数并不能简单地根据往届实际参观人数进行预测,而是应该在会展筹备之前通过科学的定量调研予以预测。

4. 关于同类会展竞争者的调研

同类会展竞争者不断涌现,就国内案例而言,最著名的一对竞争对手就是北京国际汽车展和上海国际汽车展。在相同的行业、相同的主题下,要想成功举办会展,就必须对竞争对手的会展规模、具体参展商、会展时间、效果、满意度等进行详尽的调查研究。不仅要知己知彼,更要取长补短,避免恶性竞争。

5. 为参展方提供会展选择与决策依据的调研

对于参展方而言,会展是有效实施营销计划的媒介平台之一。参展方必须在选择会展时遵守"恰当"原则,即恰当的地点、恰当的时间、恰当的价格、恰当的主题以及恰当的形式,参展方必然会选择能够在各方面实施有效控制的会展。

近年来,会展数量与日俱增,同一主题的会展遍地开花,良莠不齐,商业会展更是如此。打算参展的参展方常常无法取舍,难以选择。开展此类调研将是国内会展咨询业发展的有利契机,采用媒介监测的手段,对各种会展进行分类监控,最终向使用者提供有参考价值的调研数据。

6. 关于会展结束后的反馈评价等方面的调研

会展评估是对展览环境、工作效果等方面进行系统、深入的考核和评价,是会展整体运作管理中的一个重要环节。科学有效的会展评估应当以数据库为基础,通过建立数学模型实现客观公正的评估。而在实际工作中,会展评估更多是流于形式,其真正的意义与作用并没得到各会展主办方以及会展行业主管部门的重视。其原因一方面是由于对会展评估的认识不够,另一方面也是因为缺乏专业的机构和人员。因此,会展评估应根据相关的会展调研来深刻地分析、评价当前的会展市场环境和走向,为今后会展项目的市场开发、运营管理提出相应的建议。

通过调研,一是达成组织的目标。例如由地方政府管辖的一家会展运营公司,它在调研过程中的主要目标就是协助政府实现其总体目标。如果地方政府希望促进整个社区的一体化,那么举办一场"自由街区"的活动不失为一个团结整个社区的好方法。二是满足顾客(观众)需求。顾客(观众)是会展活动的参与者。没有顾客(观众),会展业将不复存在。三是实现资源的有效利用。如果会展不能够维持它提供的服务水平,它将很快破产。以上三项目标在一次会展活动中必须同时达成。

（二）市场调研的方法

市场调研一般采用定性研究与定量研究相结合的方法，通过观察、询问（问卷调查、焦点访谈、深度访谈等）、实验和二手资料分析等方法，总结目标市场的行业状态和运作规律。

1. 观察法

大致分为以下两种：

（1）非参与观察法

指从旁进行观察，而不参与其活动。调查员可以分布在会展的不同位置，根据之前统一的要求进行现场观察，并在印刷好的记录单上予以记录。记录单可以使用按秩序圈选的封闭式量表，也可以使用记录具体情况的开放式表格。调查员的观察不应打扰参会者的行为，最好能够避免引起参会者的注意。另外，也可以安装一些被允许的装置进行机器观察，如流量计数器、条形码识别仪、录像机、现场检测仪等。

（2）参与观察法

指和受访者直接相处并与其一起活动，从中更深入地了解被访者。参与观察法仍是以观察为主，调查员可以作为其中的一分子，参与活动、参加专业研讨等，有针对有目的地进行观察。当然这种研究对调查员的能力要求较高。

2. 询问法

（1）问卷访问法

这种方法最为通用，包括个别访问法、集体访问法、电话访问法、邮送法、网络访问法等。问卷访问的每一种形式都依赖于问卷的使用。问卷是为了达到调研项目目的和收集必要数据而设计好的一系列问题，它是收集来自于被访者的信息的常用手段。问卷法是最基本的调研手法，在此简单介绍一下网上问卷调研。

会展调研的网上操作主要有以下几种：

1）网上会展搭载的调研

搭载于网上会展的调研项目通常成本较低，数据的回收与分析在技术上可以实现即时化。

通常填答问卷的上网浏览者都是专业人士。由于其专业特点，问卷的设计不必像一般的网上调研那么简短，可以使用较长的问卷。同时在网上会展参展商身份的确认过程中，也可以进行大量信息的收集与整理。在技术上，调研员能够跟踪受访者，进行更深入的研究。

2）门户网站的会展频道搭载的调研

门户网站的会展频道也备受专业人士的关注，自然也是开展会展调研的极佳途径。此类调研也可辅助完成会展满意度、会展需求等方面的调研课题。

3）邮寄问卷

这种方式是指制作一份问卷，通过 E-mail 发送给被访者。被访者收到问卷后自行决定是否填写，如果填写则再通过 E-mail 把答案寄回。问卷可以使被访者在闲暇完成，这种方式很像现实生活中产品或服务的调查问卷或用户意见反馈表。一般的网上会展的参展商和浏览者都是以会员的形式加入后才取得相应的展示浏览权限，因此这些作为会员的单位、机构或个人的邮箱就很容易得到。

（2）小组焦点访谈

会展过程中，来自四面八方的经销商、消费者汇聚会展，使得平时几乎无法实现的小组焦点访谈成为可能。小组焦点访谈可以使参与者对主题进行充分和详尽的讨论，通过这种方法，参展商可以对定价、销售手段、产品性能等需要了解的主题进行深入研究。会展主办方也可以通过小组焦点访谈对参展商的需求以及满意度进行调研。

（3）深度访谈法

深度访谈适用于两类人群：

其一是参会的重要官员、学者和企业高层管理者。这类人群在日常的深度访谈操作中皆是难于接洽的对象，但是在会展过程中往往相对集中，同时由于大部分会展都有明晰的主题或单一的行业性质，因此访谈的实际操作也容易深入，有效性较高。

其二是参观者。不论是企业自己组织的现场介绍，还是委托专业公司进行的会场演示，都是极好的直接面对参观者的机会。商业会展参观者中有代理商、经销商以及消费者；文化会展参观者大都是专业人士或爱好者。通过相对无限制的一对一会谈，可以实现多种调研目的。受访者与面谈者很容易在会展这样一个特定环境中达成相互间的融洽关系，同时与主题无关的信息也将比一般情况少。

3. 实验法

以实验为基础的调研与以询问为基础的调研相比有着根本的区别，其对调研环境、技术、人员素质的要求都非同一般。在会展过程中要想实现真正意义的实验调研是很困难的。

但是，实验法中有许多值得在会展调研中积极采用的思路和手段。比如在会展中设置实验区域，请消费者现场实验产品功效，一方面可以起到宣传促销的作用，另一方面也可以为参与观察的调查员提供条件进行观察记录。

4. 二手资料分析

在会展上可以搜集到大量的二手资料。这些二手资料不仅有助于明确或重新明确探索性研究中的研究主题，而且可以切实提供一些解决问题的方法。政府或企业所面临的问题，以及下达给会展调研者的问题很大程度上并不是前所未有的问题，很有可能是曾经有过类似的研究，甚至已经收集了所需的精确资料，只不过不是针对当前的问题而已。做好这方面的资料的搜集可以说是事半而功倍。

（三）市场调研的步骤

一系列调查事项和阶段的组合构成了市场调研,它包括调查方案的设计、调查资料的收集、调查数据的整理和分析、调查报告的撰写等步骤。

撰写会展市场调研文案,第一步是明确调查目标,包括为什么要进行此项调查,通过调查想了解哪些问题,调查结果的用途是什么。在明确了调查目标以后,还需要阐明调查的内容,即确定调查问题的项目,并根据该项目设计调查问卷或调查表。（设计调查问卷或调查表的）同时还需明确在何处调查、找何人调查、用何种方式调查。在将调查问卷或调查表等调查资料收集齐全之后,还需对这些资料进行进一步的整理和分析,最后完成调查报告的撰写。

（四）会展调查表

会展调查表是会展调查的重要工具之一,它是运用问卷的方式收集与会者、参展商和观众的基本信息以及参加会展活动的意向、意见、要求的文书。通过会展调查表,主办方可以掌握与会者、参展商和观众的基本信息,及时了解他们对会展活动的组织、管理、服务工作的意见和建议,为开展会展调研、进行会展评估和总结会展经验教训做好材料准备。

在设计会展调查表时,一定要体现真实性,即必须能够真实地反映会展活动在组织落实、宣传营销以及现场服务等方面的情况,为开展会展评估、总结提供可靠的信息。会展调查表的设计还要体现简便性,即调查表中的项目和问题要简洁、直观,只需花很短的时间就能完成填写,这样被调查者才能积极支持调查工作。

1.会展调查表的种类

（1）按调查的时间分:

1）展前调查表

这类调查表主要是收集与会者、参展者和观众参会、参展、观展的意向及要求,以及单位和个人的基本信息,为做好会展前的市场分析和会展接待工作提供信息支持。

2）现场调查表

这类调查表主要是收集与会者、参展者和观众的基本信息,他们参会、参展、观展的现实感受,以及对会展管理和服务工作的意见、建议,为进行会展后的评估和总结提供信息支持。这类调查表可以和现场报到注册表一起印制,或作为现场报到注册表的一部分,也可以分别制作与会代表意见反馈表、参展商调查问卷、观众调查问卷等。

3）展后调查表

由于会展的成果更多体现在会展之后,因此针对会展后续效果的调查就显得十分必要。

（2）按调查的对象分：

1）与会者调查表

这类调查表主要是收集会议代表对会议组织工作的意见和建议，可在报到注册时发放，也可在会议结束前发给每位代表，但在代表离会前一定要收回。

2）参展商调查表

这类调查表的发放对象包含全体参展商。调查结果对开展会展评估有很大价值，参展商对举办方的工作评价和对贸易收获的统计是进行展览评估的重要依据。

3）观众调查表

这类调查表可以根据参观者的身份和角度来设计调查科目，从中可以了解观众对本次会展活动的直观认识、看法及意见。由于观众较多，不可能实施普遍调查，因此这类调查表主要针对专业观众。在无法区分专业观众和普通观众时，可采取非概率抽样调查的方法向观众发放调查表，但必须保证较高的发放比例，以提高调查的准确度。

2.会展调查表的格式

（1）标题

标题一般要写明会展名称、调查主题或对象、文种（调查表或调查问卷）。

（2）调查说明

调查说明又称前言，主要说明调查的目的、意义、用途、范围、指标解释、填写须知，同时还要感谢调查对象的合作。如涉及需为被调查者保密的内容，必须指明予以保密，不对外提供，以消除被调查者的顾虑。调查说明有时也以信函的形式出现，格式上有称呼，也有落款。落款写明调查的组织机构名称和日期。内容简单的调查表也可省去这部分内容。

（3）正文

正文部分的内容，包括被调查者基本情况和调查表主体两部分。基本情况部分主要是了解被调查者的一些主要特征，如参展企业的名称、地址、规模、所在国民经济行业、职工人数等，个人的姓名（有时不要求写姓名，以打消被调查者的顾虑）、性别、年龄、职位等。主体部分是调查表的核心部分，直接影响会展调查的质量。调查项目的多少，应根据调查目的、调查对象和调查要求而定，并非多多益善。

调查表正文部分有登记表和问卷两种形式。登记表用于给调查对象照实填写，如"举办单位、展出面积、观众人数"等项目就可以用登记表的形式进行调查。问卷的形式是把需要调查的项目以问题的方式要求调查对象回答，具体可分为开放式、封闭式、半开放式三种问题形式。开放式问题不提供任何具体的答案选项，由被调查人自由回答问题。其优点在于可以使调查得到比较符合被调查者实际的答案，缺点是有时意见比较分散，处理数据的难度较大。封闭式问题的答案选项由调查者事先确定，供被调查者从中选择。其优点是便于数据处理，缺点是答案的选项可能包括不全。因此,设计封闭式调查问题时,必须力求把答案给全。半开放式是指给出部分答案(通常是主要的),而将未给出的答案或用"其他"一栏表示,或留以空格,由被调查者自行填写。在一份调查表中,登记表和问卷两种形式可以同时使用。

3.调查表制作的要求

编制会展调查表需要符合以下要求:

(1)调查表中所列的问题要和调查目的相符合;(2)问题的排列要由一般到特殊,并具有逻辑性;(3)填写指导语或填写说明要清楚,指示符号要明确,没有歧义;(4)问卷的编排格式要合理,翻页要顺手。

示例 1-1-1

××展览会观众调查表

此问卷调查有助于展览的组织者办好该项展览,因此您的参与非常重要。希望您对会展的组织和服务工作多提意见和建议。填表时,请在适合的方框中打"√",谢谢您的支持与配合。

1.参观者姓名:＿＿＿＿＿＿＿＿＿＿

2.从事职业:＿＿＿＿＿＿＿＿＿

3.个人与展出者以前有无接触

□有　　□无

4.参观目的(可多项选择)

□贸易　□投资　□合作

□收集信息　□自荐代理　□其他

5.参观兴趣(可多项选择)

□全部产品　□零配件　□工业产品

□新产品　□家用产品　□特定产品

6.参观感想

价格:□高　□适合

质量:□高　□一般

设计:□好　□一般

市场需求:□有　□无

建议:＿＿＿＿＿＿＿＿＿

7.从何处了解到展览信息(可多项选择)

广告:□媒体 A　　□媒体 B

新闻:□媒体 A　　□媒体 B

内部刊物：□媒体 A　　□媒体 B

直接发函：□

其他：□

8.对展览的体会

时间：□合适　　　□不合适　　　□建议：＿＿＿＿＿＿＿＿

地点：□合适　　　□不合适　　　□建议：＿＿＿＿＿＿＿＿

宣传：□适当　　　□不适当　　　□建议：＿＿＿＿＿＿＿＿

设计：□适当　　　□不适当　　　□建议：＿＿＿＿＿＿＿＿

展台人员：□表现好　　　□表现不好　　　□建议：＿＿＿＿＿＿

其他意见、建议：＿＿＿＿＿＿＿＿＿＿＿＿＿＿＿＿

分析

这份调查表：(1)格式完整。调查表总体上由标题、前言和正文三部分组成。标题突出了会展的名称和调查对象，便于与其他会展和其他对象的调查表相区分。前言采用了书信体写作方法，包括了称呼、说明语、落款和调查日期四部分，调查目的陈述清晰，用语文明礼貌，态度热情恳切，很容易获得被调查者的支持与合作。

(2)形式多样。正文部分写作采用登记式和问题式相结合的形式。其中"公司名称"和"参展者姓名"为登记式，其他项目均为问题式。在问题式中，又分为开放式和封闭式两种问题。在封闭式问题中，既有对选式问句(如答案选项为"有"、"无")，又有选择式问句，还有标度式问句(如答案选项为"高"、"一般")。不同的问句形式可以满足不同的调查需要。

(3)简洁、明了。问句设计简洁；语言表述明确；问题数量适当，调查对象只需几分钟便可填完。

(4)缺点是"参观感想"和"对展览的体会"两项中问题的答案标度等级太少，都只列出 2 个等级，会影响统计的精确度，并且这两个一级指标意思相近，差别不大，可以合并为一个一级指标。

(五)会展调研报告

会展调研报告是对会展事件、情况、经验和问题等方面深入调查研究之后而形成的书面报告。报告撰写要以科学的态度、翔实的数据、系统的分析得出正确的结论。会展调研报告运用广泛，会展行政管理机关、会展行业协会、会展企业、会展组织者、参展单位以及新闻媒体都可以使用这一文体。在名称上，调查报告可以根据具体情况称为"情况调查"、"考察报告"、"调查"、"调查与建议"、"调查分析"等。

1.会展调研报告的特点：(1)讲事实。调研报告的基石就是事实，调研报告必须用事实来说话。所用的材料必须反映客观存在，真实可靠，不得弄虚作假。使用的文字也是以"实"为主,切忌用花哨的语言文字。(2)讲实际。忠于现实是调研报告的精髓,源于现实、立足现实、为现实服务是调研报告的基本精神。(3)靠数据。这是调研报告写作的重要原则。用数据说话,数据的出处要有依据,要经得起推敲,要有说服力,这样的调研报告才有分量。

2. 会展调研报告的种类

按调研报告的性质来分:

(1)总结性(也称"经验性")会展调研报告

这类调研报告以总结会展项目在实施过程中的经验为主要目的。

(2)问题性会展调研报告

这类调研报告以反映问题为主,提醒主办单位、合作伙伴以及有关部门重视问题(防微杜渐),做好防范。

(3)情况性会展调研报告

这类调研报告主要针对会展经营过程中出现的各种新情况展开分析,找出规律,预测发展趋势。

(4)建议性会展调研报告

这类调研报告的目的在于通过调查掌握情况,找出问题,分析原因,向有关部门提出解决问题的意见和建议。

按调查的范围分:

(1)综合性会展调研报告

这类调研报告可以是对一个企业、一个地区、一个省(区市)乃至于一个国家的会展业的发展状况进行全面考察而形成的书面报告,如《杭州市会展业发展情况的调查》。

(2)专题性会展调研报告

这类调研报告可以是对一个企业、一个地区、一个省(区市)乃至于一个国家会展业发展状况的某个方面和环节进行专门的调查而形成的书面报告,如《经济布局调整对杭州市会展业发展影响的调查报告》。

3. 会展调研报告的结构和写法

(1)标题

会展调研报告的标题应当直接了当,通常有以下几种表达方法:

1)公文式标题,由范围、主题和文种构成,如"杭州会展人才状况调查"。

2)新闻式标题,一般由正标题加副标题组成,具有形式活泼、吸引力强的特点,如"千人交响艺术盛典——迎世博文艺展演"。

3)论文式标题,以探索、研究和思考为主的调研报告,可以用论文式的标题,如"关于杭州会展业发展对人才培养的调查与思考"。

（2）署名

会展调研报告的署名有两种形式:1)署单位名称或课题组的名称;2)署作者个人名字,署名后还可以在结尾处注明作者所在的单位和职务。

（3）目录

如果调查报告的内容、页数较多,为了方便读者阅读,应当使用目录索引形式列出报告所分的主要章节和附录,并注明标题、有关章节编码及页码。一般来说,目录的篇幅不宜超过一页。例如:

目录

1)会展项目的确立与实施

2)参展商基本情况介绍

3)对会展宣传推广效果的调查分析

4)会展数据综合述评

5)附录

附1 反馈资料汇总表

（4）正文

1)开头

开头又称前言、序言或总述等。一般有以下几种形式:a.综述型。以综述的形式出现,总体交代报告所要描述的内容,帮助读者了解整个调查的概况。b.提示型。以提示形式出现,让读者了解报告反映的主题,然后可以沿着问题的主线深入地读下去。c.议论型。报告一开头先对调研的必要性和重要性作一番简短的议论,然后交代调研的具体对象、时间和地点等。d.提问型。开篇提问,引起注意。这类开头的关键是提的问题是大家所关心的问题,要能吸引人、抓住人。

2)主体

主体是调研报告的核心部分,从开头部分转述到正文,详细介绍调研的情况和事实,以及所做的分析和得出的结论。主体部分的写作方式主要有以下几种:a.串联式。按事件或问题的发生、发展的时间顺序串联材料,把事件和问题的来龙去脉一一交代清楚。这样的结构一般用于专题性的调研报告。b.并列式。其特点是按事件或问题的性质,将主体分成并列的几个部分,每一部分说明事件或问题的一个方面。这样的结构一般用于综合性的调研报告。c.递进式。其特点是按时间和问题发生、发展的顺序来安排材料,一层一层地揭示事物的内在规律,以递进的方式逐一分析,并提出解决问题的意见和建议。这样的结构层层递进、逻辑严密、主题突出,具有较强的说服力。

3)结尾

会展调研报告的结尾有多种写法,包括:a.结论式,即用一段文字总括前文,得出结论;b.点题式,即在结尾时强调意义,深化主题;c.建议式,即以调研的结果为主线,指出不足之处和存在的问题,并提出改进的意见和建议。

正文部分的结构层次一般采用序号加小标题的形式。每个小标题要能够概括表达这一层次的中心内容,并与总标题相呼应。

(5)日期

以简报转载或公开发表的调研报告一般不用写日期,但如果单独提交则应当写明定稿或提交的日期。日期可写在正文右下方,也可置于署名之下。设有封面的,应写在封面上。

示例 1-1-2

出展市场　期待成熟^①

一、机电类出国会展市场状况分析

1. 出口目标国家与地区

近年来,出展企业主要的参展国家和地区依次为德国、法国、意大利、美国、巴西、阿拉伯国家、埃及、南非、日本、新加坡、越南、韩国、老挝、印尼和香港等 15 个国家和地区。

2. 出国参展的会展类型

调查显示,企业出国参加的展览会主要包括五金展、汽车展、摩托车展、电子展、海事展、机电综合展、贸易博览会、礼品展、家具展、服装展、机床展与超市展等 11 类展览会,其中五金展是机电类企业出国参展的主要目标展览会,占出国参展总数的 37%,一个值得注意的现象是出国目标会展中 11% 为消费品类会展,分析原因是被调查企业中有部分是贸易公司。

3. 机电类企业到德国参展概况

在 15 个主要的参展目标国中,世界展览大国德国独占鳌头,以高达 42% 的比例成为我国机电企业出口参展首选国家,根据调查数据分析,125 个被调查的机电类参展商到德国参展的有五金展、国际汽车摩托车及零部件博览会、电子展、海事展、礼品博览会、家具展、时装展、高尔夫用品展、制冷展、医疗用品展、灯具展等 48 个各类展览会,其中,德国科隆五金展的参展企业最多,达到 50%,其次是汽车展(14%)和电子展(9%)。

4. 2004 年企业计划参加境外会展情况概述

• 82 家企业 2014 年计划参加出国展览会合计 273 个,平均每个企业参展 3.3 个左右,其中一个企业最多参展数量达到 10 个的有 3 家,39% 的企业参展 2 个,16% 的企业出国参展数量 3 个,13% 的企业只计划参加 1 个国外展

---

① 毛军权、王海庄著:《会展文案》,复旦大学出版社 2006 年版,第 23 页。

览会。

- 87 家出国参展商计划 2004 年购买规模相当于标准展位的个数合计 325 个（大约 2925 平方米），其中 40% 企业计划使用 2 个标准摊位，16% 的企业只租用 1 个标准摊位，摊位数量最多的企业是中国船舶工业贸易公司，该企业计划租用 80 个标准摊位（相当于 720 平方米）。

- 81 家单位将派出出国参展人员数合计 617 人，企业派出参展活动最多人数达到 60 人的仅占 2.5%，一般企业平均派出人数 3～5 人，22% 企业参展人员为 3 人，17% 的企业 4 人。

- 81 家企业 2004 年计划出国总参展费用 3277 万元，平均每个企业 40 万元出国预算，最高预算金额为 250 万元，100 万至 250 万元之间的企业有 8 家，占参展总费用的 38.75%，其他企业中 14% 计划参展费用 10 万元。

二、出国参展组织服务调查统计分析

1. 出国参展国外行程组织单位情况

调查显示，48% 的企业出国参加机电类会展活动安排是由专业组团单位担任，26% 为企业自行安排，由海外客户帮助计划参展的占 11%，公司驻外分支机构负责接待参展的有 8%，在国外的合作单位组织参展的为 4%，最后才是旅游公司 2%，其他占 1%。

从中可以看到，我国出国展览组织工作的主力军依然是取得国家认可资格的专业组团单位，除了各地区外经委和各地方贸促会，就是专业组展单位，如商务部国际通用广告公司、北方工业公司、中国机械进出口总公司、中展、中国机电产品进出口商会、中国电子进出口公司、上海机械进出口集团有限公司，等等。不过，数据分析中有一个值得关注的现象，就是企业"自己安排"出国参展的比例正在快速增加，而旅行社尚未把出国组团事宜提到日程上来。

2. 参展商获知"机电类出国展览会"信息的渠道

获得外国会展信息的主要渠道一般有网络、展览类杂志、外贸报刊的出国展览专版、本行业报纸杂志、出展组团单位的推荐、朋友介绍以及其他。

参展商由出国组团单位直接发函得知会展信息的有 55 家，占 22%，这说明出国组团单位在招展方面的确下了一番功夫，也取得了较为明显的成效；通过互联网信息得知的占 19%；通过行业外贸报刊得知的占 18%；通过本行业报刊和展览专业报刊获得本次会展的信息各占 17%，朋友引荐的占 3%，其他途径的占 4%。

组团单位主动招展是出国参展商获得会展信息的主要来源，在机电类出国展览中起到了积极的作用。同时也说明了出国展览会信息传播途径比较丰富，一改往昔中国国际贸促会单一渠道状况，参展商懂得利用各类会展信息检索渠道，如网络、外贸报刊、展览类杂志及其他，网络招展位居第二，未来的出国招展网络将大有作为,应加强传播手段的多样化、立体化,扩大传播效果。

3.参展商出国参展的主要目的

了解参展商参展的动机对于有针对性地提供会展服务大有益处。经统计,机电类企业出国参展的前四个目的依次是:联系客户(占 38%)、达成出口合同(占 22%)、展示公司的形象(占 18%)与了解国际市场(占 16%)。

通过调查发现,展商参展目的尽管不一,但普遍具有多重性,可是,机电类展商出国参展的动机却是相对较为集中,其中"联系客户"的比重最大,其他的目的,如"达成出口合同"、"展示公司的形象"、"了解国际市场"、"合作"与"企业技术转让",相对而言所占比例较小。

国际性展览会是更高层次的投资、贸易与洽谈等商务活动,会展成功与否的最终衡量标志是参展商获得多少销售订单,并非产品的直接销售,我国机电企业出国参展将"联系客户"作为主要参展目标,说明我国机电企业对会展提供的国际性贸易市场需求是十分强烈的,直接销售欲望低。同时,也表明我国出国展览会的国际性会展贸易交流工具功能发挥了极好的作用;但是,这一现象也反映了我国机电出口市场处于销售商品阶段,缺乏品牌产品和品牌企业,我国参展企业急需提高商品和企业的国际市场竞争力,加快国际商品市场结构调整,尽快由商品销售进入企业形象展示阶段,全面提高我国机电类企业的国际性会展参展能力。

4.参展决策依据

是什么原因促使企业出国参加展览会?是因为有政府出国会展补贴?抑或由于同行竞争的缘故?抑或在乎参展国家会展地区交通便捷?还是由于国际性展览会高水平的服务质量呢?本次调查通过数据分析的结论有些令人出乎意料,相信这项研究成果对我国从事出国展览会的专业组织单位进行招商招展具有一定的参考价值。

超过 1/3 类出国参展商已经能够理智消费国际性机电会展产品,他们对知名展览会的号召力深信不疑,而且能够主动性极强地按照自己企业的市场营销计划进行国际机电类展览会的参展消费行为,估计不久的将来,这些展商们对高质量展览会的专业观众追求将有所上升。

同时,有两个问题相信对组团单位特别有启发,一是这些企业对出国参展的费用高低并不在意;二是对组团单位的服务问题基本上不提。笔者认为,对我国机电类出国会展组团单位而言,上述几方面正是最具有效益、值得去挖掘的潜力市场。

分析

这份调查报告属于专题性、情况性调查报告,它是根据机电类出国会展市场的现状调查而撰写的,通过对出国会展市场状况和参展组织服务的介绍,让读者了解了会展市场及出国参展组织服务方面的情况,特别是对参展商出国参展的主要目的和参展决策依据的介绍,为出国办展的单位提供了一定的参考借鉴。

二、文案写作

会展文案写作是围绕会展管理和会展活动进行的写作,它随着会展业务的需要而产生。会展文案是会展文案写作的成果,它以记载和表达会展信息为使命,以揭示会展管理和会展活动的规律为宗旨,以推进会展业的健康发展为目的,因此,会展文案是会展管理和会展活动中重要的文书。以下我们从主题、材料、结构、语言四个方面介绍会展文案写作:

(一)主题

会展文案写作的目的是为了传递信息、说明问题、表达意图,而主题是作者通过文章的全部材料所表达出来的中心意思或内容主体。确定主题是达到文案写作目的的第一步,主题方面的具体要求是:

1. 题旨正确

第一,会展文案的主题应当正确反映会展活动和会展管理的客观实际,帮助相关受众正确认识、把握会展管理和会展活动的发展规律。第二,会展文案的主题要符合有关会展的法律、法规和政策。会展文案作为会展管理和会展活动信息的载体,要在内容表述、措施安排各方面符合国家的有关法律、法规和规章,与中央和地方行政管理机关制定的会展产业政策保持一致,促进会展管理的法制化和会展活动的规范化。第三,会展文案的主题要有切合实际、切实可行的意见、措施和办法。会展文案是为了解决会展管理和会展活动中的实际问题而写作、发布的,能否正确、有效地解决当前存在或将来可能发生的问题是最终衡量会展文案写作成败的标准。

2. 意涵集中

主题意涵集中是指会展文案的主题要简明、单一,做到一篇文案说明一个方面的事项、请示一个方面的问题、布置一个方面的工作,即"一文一事",避免出现"一文多事"。

3. 清晰鲜明

主题清晰鲜明。首先要求会展文案中所表达的立场、原则、态度、观点必须旗帜鲜明,不可似是而非;其次要求会展文案中提出的措施、办法、任务、要求,应当清楚、明白,有鲜明的针对性。

(二)材料

凡是在文章中用来说明主题的事实、数据、公理、原理、引文、资料等,都可称为材料。会展文案写作在材料方面的具体要求如下：

1.保证切题

主题和材料是相互联系的，主题必须统帅材料，材料必须为表现主题服务。因此，是否围绕主题、能否体现主题是选择材料的首要原则，也是决定材料取舍的主要标准。

2.选材典型

会展文案总是通过个别材料来反映会展活动和会展管理的一般规律。为了使会展文案的主题能够得到充分的体现，就需要运用既有广泛代表性又能够深刻反映事物本质规律的材料。

3.材料客观真实

作为会展信息的重要载体，会展文案应当能帮助会展主体（包括主办者、与会者、参展者、客商、观众）正确把握会展活动的规律，方便会展主体之间的交流和沟通，因此材料必须真实可靠。

（三）结构

结构是指会展文案的部分与部分、部分与整体之间的内在联系和外在形式的统一。如果说主题是会展文案的灵魂，材料是会展文案的血肉，那么结构就是会展文案的骨骼。

会展文案的结构元素及体例如下：

1.标题

常见的会展文案标题结构有以下几种：

（1）由发文机关或会议名称、事由和文种组成，如"杭州市人民政府关于规范会展市场、促进会展业健康发展的通知"。

（2）由发文机关或会展名称和文种组成，如"第二届全国企业家论坛邀请函"。

（3）由事由（主题）和文种组成，如"关于合作举办中法文化交流之春的协议书"。

（4）由适用范围、主题和文种构成，如"中国国际展览公司员工守则"。

（5）由适用范围、适用时限、主题、文种构成，如"广州贸易展览有限公司2011年度工作总结"。

（6）仅标明文种，一般用于少数约定俗成的文种，如新闻公报、联合声明、感谢信等。

（7）复合式标题，一般有三种形式：第一种由主题和副题组成。主题（又称正题）揭示会展文案的主题，副题（又称子题）补充说明作者、文种和适用范围等信息，常常用破折号引出。如"跨越发展，管理提升，塑造品牌——杭州××会展中心2012年度工作总结"。会展简报、会议报告、调查报告、会展总结、会展新闻等可采用这种标题。第二种是在主标题上增加一个提示性、渲染性的眉题（或称肩题、引题)。第三种是由引题、正题和子题组成三行式标题。第二、三种一般用于会展新闻写作。

2. 称呼和主送机关

(1)称呼

主要用于信函、讲话、报告、致辞一类的会展文案。称呼要根据文案的性质和称呼对象的身份、范围等情况确定。称呼写作一般要把握以下原则：一是按身份从高到低；二是按性别先女后男；三是尽可能覆盖全体参加对象。比如，提请代表大会审议的报告，应当称呼"各位代表"；欢迎会上的致辞，应当首先称呼欢迎对象，再称呼其他参加对象，如"尊敬的××先生，各位来宾，各位同志，女士们，先生们"；介绍经验等一般性发言，应当先称呼领导、再称呼来宾，最后称呼代表，如"各位领导，各位来宾，各位代表"。称呼要在标题之下空一行顶格书写，后标冒号。

(2)主送机关

主送机关即公文的主要受理机关。主送机关是一种特定的称呼。凡是以机关的名义制发，并有明确的受理机关的会展文案，应标明主送机关。主送机关的写作应当清楚准确，尽量不写"各有关单位"，以免造成责任不清、相互推诿的情况。主送机关的写法有以下几种：

1)特称或单称，用于向一个特定的机关行文。使用特称要注意区域限制，在本地区、本单位可称上级为"省政府"、"总公司"，但跨地区、跨单位行文时必须写明地区或单位(机构)的全称。

2)并称，用于同时向两个以上的机关行文，主要的机关应写在前面。

3)转称，用于主送某一机关，同时要求转送另一机关的会展文书，如"分公司并转报总公司"。

4)统称，又叫泛称，就是将同一类型的机关名称的共同中心语抽出，前面加"各"字，如集团公司下发文件，可写"各公司"。无共同中心语的机关，可按其性质统称，如"各直属机构"。

5)混合称，即同时使用上述几种写法，如统称后面加写单称或并称。

主送机关的后面应当标冒号。

3. 正文

正文是完整表达会展文案主题信息的核心载体，一般分为开头、主体、结尾三部分。内容简单的会展文案，可掐头去尾，只写主体部分，不分段落，一气呵成。

(1)开头

会展文案开头的写作方法有以下几种：

1)说明制发目的、意义和依据，多用于会展管理中的公文、规章写作。

2)揭示背景，确定全文的基调，主要用于工作报告、工作总结、经验介绍等会展文案的写作。

第一章 会展计划方案

3）介绍和评价基本情况。会展报告、会展通报、会展简报、会议纪要、会议公报等会展文案的开头一般要概括介绍相应的基本情况。

4）表达欢迎、欢送、祝贺、慰问、感谢等特定的礼仪信息，主要用于讲话稿、贺信、慰问信、感谢信的写作。

（2）主体

会展文案主体的主要功能是说明具体情况、解释政策条文、布置工作任务、提出办法要求、回答对方询问、总结经验教训、分析问题原因。

（3）结尾

会展文案结尾的写作有以下几种方法：

1）提出希望或执行要求，主要用于要求下级机关或有关单位遵守、执行的会展文案的写作。

2）发出号召或表示信心和决心，主要用于会议报告、会议决议、讲话稿以及要求普遍实施的会展文案的写作。

3）提出请求，主要用于请示、上行性意见、商洽函等会展文案的写作。

4）表达祝愿，主要用于致辞和贺信等会展文案的写作。

5）收束全文，予以强调。一般的会展文案都可以用"特此决议"、"特此通知"、"特此函告"等结尾用语来收束全文，予以强调。凡用"特此"引领的结尾用词，写作时要注意三点：一是另起行独立成段，以突出强调的效果；二是末尾可以不加句号；三是如果开头部分已经用了"现将有关事项通告（通知、通报或报告等）如下"的过渡语，则可省略这类结尾，以免重复。

4.署名和印章

（1）署名

署名又称落款。会展文案的署名有三种情况：一是以领导人名义发出的会展文案，由签发文件的领导人在正本的正文末尾亲笔署名，用以证实其法定效力或体现礼节，又称签署。如公布会展法规和规章的命令、向法定性会议提出的议案、对重要贵宾发出的请柬或邀请函、任免性通知以及重要的聘书等会展文案，应当由领导人签署。签署的会展文案一般不再标写发文机关，也不需加盖公章（特殊文件除外）。需签署的文案较多时，可由秘书代盖领导人手书体签名章。联合发文需要签署的，应当联合签署。二是署发文机关的名称。一般情况下，有固定标印格式、盖有公章的文案，正文的下方无需署发文机关的名称，国家行政机关的公文就是如此。无固定标印格式、标题中又无发文机关名称的文案，如招展邀请函、会展计划和总结等，应当署发文机关的名称。三是具有协议性质的会展文案，如会展合同、会议纪要、联合公报、共同宣言等，由有关各方派代表在文案的末尾共同签署姓名。

（2）印章

印章是发文机关对会展文案表示负责并标志会展文案生效的凭证。需对外发

17

出的会展文案,除了在媒体上公布、会议通过和领导人签署(包括共同签署)的之外,在缮印后,都应在落款处按规定的方式加盖发文机关的印章。印章、发文机关名称、签发人职务三者必须一致。有些会展活动的临时性组织机构没有公章,可用主办单位的公章代替。

5. 成文时间

成文时间又称成文日期,会展文案如果没有在正文中特别说明,一般都是以成文时间作为法定的生效时间。成文时间也是将来检索和考证会展文案的重要途径。确定成文时间应当遵循以下几条规则:

(1)由领导人签发的会展文案,以签发日期为准。

(2)经会议讨论通过的会展文案,以通过日期为准。

(3)谈判协商达成的会展文案以各方共同签字的日期为准。

(4)需会签才能生效或者联合制发的会展文案,若各方签字的日期不同,则以最后一个单位的领导人签发的日期为准。

(5)需要报请上一级机关或部门批准的会展文案,以批准日期为准。

(6)以电报形式发出的会展文案,以发报日期为准。

(7)特殊情况署印发日期。

6. 结构体例

结构体例就是会展文案正文结构外部形态的表达模式。会展文案结构体例丰富多样,但总体上可以分为非标志性结构体例和标志性结构体例两种。

(1)非标志性结构体例

非标志性结构体例是指在结构形式上主要通过自然段落的排列来表达结构内部关系的结构表达方式。有些内容较为简单的会展文案,全篇可采用一段式结构,一气呵成,无需任何结构标志。

(2)标志性结构体例

标志性结构体例是指借助一定的结构标志来表达结构内部关系的结构表达方式。标志性结构体例具有条理清楚、层次分明、便于查阅和引用的优点,适用于内容较为复杂的会展文案写作。目前,会展文案通常使用的标志性结构体例主要有以下四种:

1)序数式

这是指用汉字或阿拉伯数字标注层次和段落。《国家行政机关公文处理办法》明确规定,公文的结构层次序数:第一层为"一",第二层为"(一)",第三层为"1.",第四层为"(1)"。国家技术监督局规定,国家标准的编写体例采用阿拉伯数字分级编号,具体如:第一层次(章)为"1",第二层次(条)为"1.1",第三层次(项)为"1.1.1",第四层次(目)为"1.1.1.1"。

2）小标题式

小标题具有划分层次、体现作者的思路、承上启下的功能，具体的表述方法有两种：一种为序号加标题，即在每个小标题前标注序号，以便于查阅。会展调查报告、会展总结、会议纪要、会议报告等较多采用记叙和论述方法的会展文案，以及篇幅较长的会展文案常常运用这种方法。另一种为单设小标题，即在较大的层次之前仅标写小标题，不加序号。这种方法的查阅功能不如前一种。

序数式和小标题式可以结合使用，即先用小标题概括每个较大层次的主要内容，每个层次中再用序数标注较小层次的主要内容。

3）段旨式

段旨式又称撮要倒悬法，即用一句精辟的话置于自然段落的开头，以概括这一段落的主旨（即段旨），给人以鲜明的印象，然后再具体展开说明或议论。段旨前可以加序数，也可以不加序数。

4）章条式

这是指用编、章、节、条、款、项、目统一命名和表述各个结构层次。条式结构体例具有名称统一、表述规范、容易辨识、便于查阅以及便于书面和口头引用等优点，适用于规范性、协议性等引用频率较高的会展文案的写作。

会展文案结构安排的要求如下：

1. 完整

如前述，会展文案的结构一般由标题、称呼或主送机关、开头、主体、结尾、落款（发文机关名称或领导署名）、成文时间等元素构成，每个部分之间相互联系，共同组成会展文案的整体，为表达会展文案的主题服务。结构完整，一是要求会展文案的各个部分相对齐备，不可无故残缺；二是要求各个部分应比例适当、详略得体、首尾相应，使会展文案的结构表现出整体的完美性。

2. 规范

会展文案的结构具有较强的规范性，这是由会展文案写作的应用写作性质决定的，具体表现在以下几方面：

（1）会展文案结构的每一部分都具有特定的功能。比如，标题应当揭示会展文案的主题或事由；开头要阐明制发会展文案的目的、依据和原因；主体应当详细说明情况、经过、任务、要求、办法、意见等；结尾或发出号召、提出希望，或请求批复，或予以强调。

（2）会展文案结构的每一部分都有特定的写作模式。比如，会展公文标题的模式一般为：发文机关＋事由＋文种；开头常常用"根据"、"为了"、"遵照"等词语；结尾用语在同一文种中具有相同性或类似性，如请示的结尾用语一般为"以上请示请批复"、"特此请示"等。

（3）会展文案结构的每一个部分都有相对固定的位置，不可随意变动。比如，标题应当置于文案的首部并居中,主送机关或称呼应当在正文的上方顶格书写等等。

3. 连贯

结构的连贯性包含以下两方面的要求:

(1)会展文案正文的各部分要做到意脉相通、逻辑严密。比如,为了阐释政策、说明任务和工作要求,会展文案中必然会出现关于政策、任务、要求的提法。这些提法必须前后一致,不能一方面强调要严格执行,另一方面却说可以灵活掌握;也不能前面指出某种现象的危害性,后面却又解释这种现象的合理性。

(2)会展文案在语言形式上要有必要的过渡和照应。过渡是把相邻的层次或段落之间的关系加以提示,承上启下,使上下文之间能自然地衔接起来,引导读者的思路从上文过渡到下文。会展文案的过渡一般有三种方法:一是使用过渡词语,如"但是"、"否则";二是使用过渡句,如"现将有关情况报告如下";三是使用过渡段,即用一个简洁而又完整的自然段落承上启下。照应是使会展文案的内容相互呼应,如前面说过的后面要有着落,后面准备提到的前面要有伏笔或者暗示。会展文案的照应一般有三种方法:一是开头和结尾相互呼应,使结构显得更加严谨;二是内容和标题相互呼应,使主题更为突出;三是在行文中随时相互呼应,使文脉更加清楚。

4. 合理

所谓结构合理,是指会展文案正文的结构安排必须适应主题表达的需要,包括结构的内部形式和结构体例两方面要合理。会展文案正文结构的内部形式指的是安排、组合观点和材料的方式,通常有以下三种方式:

第一种是并列式结构,又称横式结构。它的特点是,将所要表达的主题划分为若干并列而又相互关联的层次,分别从不同角度、不同侧面来叙述、说明或证明主题。使文案呈现出一种多管齐下、齐头并进的格局。会展说明书、招标书、会展合同等文案大多采用这类结构形式。

第二种是递进式结构,又称推进式结构或纵式结构。它对需要表达的主题,采取一层深于一层的形式安排、组合观点和材料,使层次之间呈现一种层层展开、步步深入的逻辑关系,从而使主题得到深刻透彻的叙述、说明或论证。从表现的内容来看,递进式结构又分为时序递进、主从递进、因果递进、表里递进(即从现象分析递进到本质分析)等等。会展通报、调查报告、会展报告、会展请示、会议纪要等文案常常采用这类结构形式。

第三种是混合式结构,又称纵横交错式结构。有些会展文案需要表述的内容比较复杂,相对应的层次关系也比较复杂,不能只用单一的结构形式,需要把并列式和递进式结合起来,形成一种混合的结构形式。混合式结构又分成两种具体形式:一是在横向并列的过程中,在每一个并列的层面上又展开递进(即并列中的递进);二是在纵向递进的过程中,在每一个递进的层次上又展开横向的并列(即递进中的并列)。

(四)语言

文章的语言是表达写作主体意图的手段和工具。会展文案种类繁多,不同的会展文案写作对语言的要求各有侧重,风格也各不相同,但朴实、精练、准确是任何会展文案写作的语言都必须达到的基本要求。

1.清晰

清晰是会展文案写作对语言的基本要求。会展文案是写给人看的,有的还要在会上宣读、演讲,尤其是会展邀请函、公告、通告、公报、会展消息、会展新闻发布稿等要公开发布的会展文案,传播面广,受众量大,语言一定要做到朴实、明白,确保沟通的效果。具体而言,一要做到语言通俗,不生造词语,不使用生僻字;二要语言质朴,不刻意雕琢,不玩弄辞藻;三要语言自然,不装腔作势,不说空话、套话。

2.精练

语言精练、篇幅精干的会展文案能大大减少读者阅读的时间,提高阅读的效率,因而更能激发他们的阅读兴趣。使语言精练的具体方法有以下几种:

(1)力戒浮文。会展文案的开头部分要"开门见山",主体部分要"要言不烦",结尾部分要"当断即断",必要时,可以掐头去尾。

(2)避免重复。

(3)使用约定语。当有些概念、术语已经成为社会约定或会展行业的基本常识时,可省略多余的解释。尤其是专业对口的往来性会展文案,只要双方有约定,适当使用代号和行业术语可使语言更为简要,如"特装展位"、"标准展位"等会展约定语。

(4)运用数概。这是指把若干并列的事项用数字概括的方法来简称,既可以节约文字、便于引述,又能够帮助受众记忆和掌握,如"中央八项规定"。

(5)以规范性、通用性简称代替全称,如以"广交会"代替"广州中国进出口商品交易会"。不过,当第一次使用非规范性、非通用性简称时,应当先写全称,然后注明"(以下简称×××)",以免产生误解。

(6)共用共同中心语。若干词语的中心语相同时,可共用一个中心语,如"主办,承办"可简写为"主、承办","进口、出口"可简写为"进、出口"。

(7)适当运用书面语,如"凡……者"、"欣闻"、"函复"等。

3.准确

语言含混不清,歧义丛生,会直接影响会展信息的表达和接受,使读者判断失误,或者无所适从,有的甚至会造成严重的政治、经济等方面的后果。具体而言,会展文案语言的准确性主要表现在以下几个方面:

（1）概念明确，用词贴切

会展文案写作经常需要涉及一些概念，概念是判断、推理、论证的基础，也是叙述和说明的对象，概念明确，才能进行正确的判断、推理和论证，才能使叙述和说明具有明确的针对性。

（2）句子通顺，合乎语法

会展文案中的句子应合乎语言学的要求，用词搭配应恰当，标点符号应正确，尽量避免增加理解上的困难。

（3）简称规范，合乎习惯

适当使用规范、明确的简称，可以使会展文案语言简洁、简明扼要。

（4）语言庄重，权威性强

会展文案代表着会展机构的整体形象，并与其他的会展参与者发生联系，具有严肃性。因此，会展文案的语言应当十分庄重，宜用规范化的书面语言代替口头语，用陈述句和祈使句代替疑问句和感叹句，用生动、形象的语言明白晓畅、稳妥庄重地表达内容。

第二节　立项计划书写作

经过市场调研并掌握了会展文案写作的基本知识后，就可以着手展览项目的立项工作，我们把这一过程称之为展览会策划的项目设想与建议过程。

这一过程的核心工作主要包括三个方面：第一是行业会展分析。行业会展分析包括两层含义，首先是对会展举办地某产业的发展现状和发展趋势进行分析，目的是判断新开发的展览会是否有发展潜力，或者是能否为现有展览会调整发展策略提供依据。其中，对产业结构进行深入分析，本身就有助于展览策划人员把握展览会的总体框架，如参展商的类型划分、展出布局、专业观众的来源等。其次是同类展览会的竞争力分析，包括对竞争对手的潜在参展商、目标专业观众和会展规模等的分析，以期明确展览会的定位。第二是展览项目构思。这里的项目构思主要是解决展览会的选题和定位问题。针对市场策划优秀的选题，并将策划创意转化为精心组织与施工，真正为参展商和专业观众搭建理想的交流、交易平台，展览会才能取得预期的成功。第三是会展立项策划。会展立项策划就是根据掌握的各种信息，对即将举办的展览会的有关事宜进行初步规划，设计出展览会的基本框架，提出计划举办的展览会的初步规划内容。会展立项一般要遵循八项原则：保护名牌会展、扶持专业会展、鼓励境外来展、优先全国会展、促进新型项目、扩大展场销售、遵循办展能力、参照申办顺序。

立项策划的内容主要包括：会展名称和地点、办展机构、展品范围、办展时间、会展规模、会展定位、招展计划、宣传推广和招商计划、会展进度计划、现场管理计划、相关活动计划等,并制作《会展立项策划书》。

一、会展立项的内外环境分析

首先我们讨论一下会展组织过程中的内、外部环境因素,参见图 2.1。

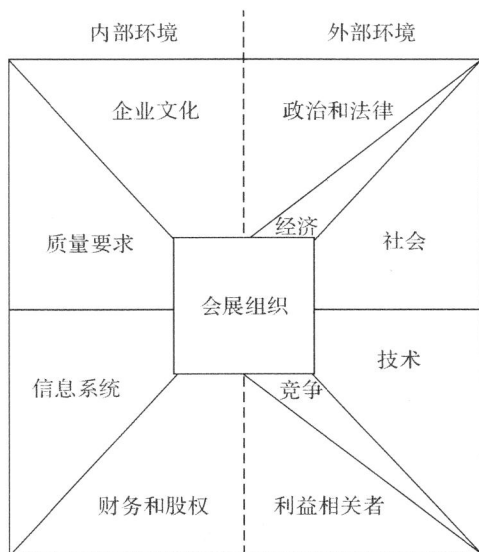

图 2.1

(一)内部环境

1.企业文化

企业文化是一个组织内信念、规范和个体价值观的综合反映,即"在这里干活的规矩"。一个成功的经营策略必须为组织中所有成员所接受并能反映组织的目标和期望,管理者可以向员工表述一个清晰的美好愿景,但如果没有一个合适的企业文化并且没有员工愿意全力以赴去实现它,美好的愿景将不会得到实现。

文化和价值观都是根深蒂固的,员工或新员工可能无法轻而易举地观察到这些。

有人把文化视为员工的行为方式、员工价值观的重要性以及以上两个因素如何反映决策过程。文化还可以影响公司的组织结构设置和系统建设的目的,以及公司对员工的管理态度。

如果组织方有一个强大的文化,那么每一个个体都能清晰地了解到自己应该做什么,自己可以得到什么;如果文化很弱,那么员工个体就不会按管理层期望的方式工作。

2.质量要求

会展组织提供的质量水平是一项不折不扣的经营决策。人们曾经一度认为提高质量是无成本的。很多时候我们只要第一次做正确了,那么只要培训我们的员工使他们知道什么是对的和他们能采取什么正确的行动就可以保证我们每一次都能做得正确。

我们先看看优惠汽车服务的例子,我们会看到追求更高水平的服务和质量并不会使成本增加。设置公交车的目的是实施一种规范的服务,保持固定的路线和时间表。另外,司机需要有驾驶执照且交通工具保持在良好的状态。我们只要在第一次并在每次都把事情做好,这样我们就可以花很少(如果有的话)的额外成本来提升服务质量。

再例如,在杭州市展览场馆举行大型展览会,如果所有的场馆工作人员和参展商都以自己的形象为荣且对顾客都很礼貌,场馆也保持得很干净,那么就能给顾客一种高水平服务的感觉,虽然在提供制服、清洁或者关于客户关系的培训上可能会产生微小的成本,但总的来说,对组织并没有产生额外的大量成本。然而,如果我们希望通过额外的工作来增加服务质量,例如员工协助看台的搭建和拆卸,这就意味着额外的人工、更多的设备和额外的时间安排,也就是说增加了组织的成本。

如果提升质量一定会带来成本的大幅增加,但也许提供这些服务符合顾客的需求,这时我们就要判断是什么决定我们的经营策略——是顾客还是经济因素。毫无疑问我们得考虑额外的服务会增加多少额外的展商,还有这些额外服务带来的收入是否可以抵消额外的成本。

因此,归根到底,达到什么样的质量水平也是一种经济考虑。在一种质量水平上,我们需要一次把事情做对并耗费更少资源;拥有快乐并热心的员工来给顾客提供友好的有益服务是很有用的,这不会导致成本的增加,然而,提供在这些水平之上的高质量服务可能会增加成本。因此我们可以提供并承担怎样的质量水平是一个重要的经营决策,在很大程度上来说,它将不由顾客需求所驱使,而是由竞争者的行为或其他威胁所决定。

提供任何水平的质量都得有来自管理层的强大且明确的支持。我们的论点是质量是每个人的工作,但除非管理层提供愿景和动力,否则任何水平的质量都有可能失败。

3.信息系统

随着信息技术的大力发展,会展组织中的每个成员都能了解到公司的最新政策并对其有一个清晰的理解。多数人都用电脑来收发电子邮件,双向的交流十分普遍,并且许多组织走得更远,它们通过开办员工杂志、公告栏等来使员工了解公司政策、社会事件、工作计划和义务。正如我们一向认为,在会展组织中,许多资源对会展组织来说都是外部的,所以保持即时的联系,关注变化以及在变化发生时及时修正计划都是很必要的。

传统的管理方法中管理者的工作就是思考并设立组织目标、指定公司经营方向,员工的工作就是遵守命令,并且不会因为思考而得到额外的奖励。在这种方法下,难怪许多人不愿意表现出主动权并且很少人会真心地对组织感兴趣。这种情况常被人称作泰勒主义。F. W. 泰勒,19世纪后期美国知名的科学管理之父,他的哲学就是运用科学的方法来寻找最好的工作方法,并对员工进行培训,在适当的机器和适当的奖励的配合下,就能获得成功,企业还需要雇用监管人来保证科学方法的实施。在他的理论中,管理层负责思考,并不期望员工提出建议;员工的工作就是服从。

如今,我们已经习惯于在了解公司政策,为公司提供的产品和服务而自豪的情况下从事我们的工作,并为自己能够或多或少介入公司政策的制定而沾沾自喜。

4.财务状况和所有权状况

大多数会展组织的资金都是有限制的。会展组织的资金来源有所有者出资、利润(资产净值或股东的资金)、赞助商和贷款。除非所有者得到了合理的投资回报,否则他们就会产生疑问。

所有者、投资商、股票市场、赞助商和银行家都会以利润为准绳来评判会展活动的成功与否。如果会展组织是政府部门的一部分,或是由政府或公众投资的,投资回报就将以资金的使用价值来判断。一个永恒的问题是"我们可以通过其他方式做得更好吗"。

财务能力的强弱是影响企业经营策略的一个重要因素,我们要让财物投入产业盈利或者产生可观的使用价值。无论如何,缺少资金将比其他所有因素都更重要地影响企业的经营策略。

制定预算时的首要任务就是计算会展运营的期望成本。通过确定会展运营所涉及的成本,会展专家可以设计必要的收入和可能的收入来源。

会展主办者就是负责尽可能有效地利用资源来实现目标的那个人。该目标的中心就是创造利润,因为没有利润,一个企业就不可能生存。在非营利组织和慈善组织中,该目标是盈亏平衡或募集新的资金。因此,银根紧缩的财务系统是很必要的。不光是为了生存,组织还要使投资人(所有者、股东和财政家)满意,使他们感到投资安全并得到满意的回报。如果一个组织是一个非营利机构(例如政府投资的),其中心目标就是让投资人看到他们的资金得到适当的应用。对所有不同的股东而言,从财务角度来评价会展活动是否成功都是非常重要的事。

许多新的企业只有非常短的生命周期(超过70%的小企业在创业的5年内都失败了),每个月也都有关于大中型企业陷入财务困境的报道。不管你喜欢不喜欢它,任何组织的持续性成功都依赖于财务的稳健。通常会展主办者把会计看成是缺乏想象力的没有灵魂的人,他们只关心短期资产回报。然而,除非有一个净流入的现金流,长期的经营计划是无意义的。对任何组织来说,拥有一个可靠的财务系统来提供快速而准确的信息是至关重要的。最起码就是制定预算和及时可靠的反馈以便与预算进行对照。这些反馈还必须及时有效以便管理层据此做出修正措施。会计毕竟是一个支持部门,相对于会计部门要求业务部门提供更好的经营回报、更漂亮的报表数据而言,更为重要的是,会展主办者应该督促会计部门及时提供必要的信息。

(二)外部环境

政治和法律、经济、社会、技术、竞争、利益相关者对会展组织来说这些属于外部因素,但这些因素会影响顾客期望,也会限制企业行为。通常称这些要素为PEST 要素。这个表述简洁明了,但显然忽略了竞争者和利益相关者,而竞争者是企业在任何情况下都不能忽视的。

我们可以认为 PEST、竞争者和利益相关者这些因素是企业面临的机遇或威胁。较为复杂的是,一些利益相关者可能会被作为内部要素来考虑。

在传统的 SWOT 分析(优势、劣势、机遇和威胁)中,所谓 SWOT 分析法就是把办展机构所面临的宏观和微观市场环境各要素综合起来进行分析,得出市场环境对办展机构举办该会展所形成的优势(strengths)、劣势(weakness)、机会(opportunities)和威胁(threats),并将这四个方面结合起来研究,以寻找到适合办展机构举办本会展的可行战略和有效对策。SWOT 分析法通常包括 SO 战略、ST战略、WO 战略与 WT 战略。其中机遇和威胁是外部因素,而优势和劣势则被归为内部要素。正如图 2.1 所示,优势和劣势位于图的左边,而机会和挑战则列于右边。

了解组织自身的优劣势有助于进行可行性研究和明确正确的行动区域。对外部因素来说,研究目标就是发现机遇和挑战,以及这些外部因素如何(或可能)影响组织。

我们可以研究如何利用自身优势来使机遇最大化同时减少威胁,以及如何利用机遇来使劣势最小化,SWOT 分析是策略制定中最重要的步骤之一,利用文中提出的组织使命,管理者可以很好地评价优劣势以及外部机会和威胁。企业的目标是通过发掘机会、扩大优势以及压制威胁、减弱劣势来创造完美服务。

现在详细分析外部要素(例如机会和挑战),我们再来回顾一下图 2.1 中的要点:

- 政治和法律要素;
- 经济要素;
- 社会要素;
- 技术;
- 竞争;

- 利益相关者。

1.政治和法律要素

法律和规章制度往往被企业看作是一种限制,其实这些法律和规章制度也是保护企业的一种手段。但不管是何种法律,企业都必须了解它们是如何影响组织运作的。如法律会限制员工工作时间、法定产假等等。

对不同的市场我们应该有清晰的概念,例如什么是合法的、我们的健康和安全责任是什么、现行的解雇制度会对会展产生何种影响等等。而如果在其他国家提供服务或者雇用外籍员工后,企业必须在做任何事情之前尽量了解有什么样的法律限制,什么才是社会所接受的普通标准等等。

法律通常都是以全体国民的利益为导向的,往往在国民要求增加安全措施的压力下得以实施。因此,企业必须了解热点话题并相应调整其行动,目的是成为公众眼里的负责任的企业,而不是坐等立法者迫于公众压力采取行动。如果法律法规的重点是安全,那么企业或行业自定的安全措施就需要更严格的标准。

将上述理论运用到会展产业中,会展主办者要考虑以下问题(基于其他要素基础上):

- 健康和安全保障;
- 法律法规;
- 执照;
- 会展举办方或供应商所在国家的不同法律;
- 贷款机会和借贷成本;
- 备选的融资计划。

影响企业的因素还远远不止这些。然而,因为在实际分析过程中只有这些会对企业或竞争者产生直接或间接的影响,所以考虑这些因素至关重要。企业应该用心研究以上列出的因素并考虑其他因素,以深入研究正在发生的变化,判断它们是在短期内还是长期对企业产生影响。

示例 1-2-1

开城工业园区产品展览会被取消

韩国贸易投资振兴公社(KOTRA)与朝鲜电子工业省曾计划于2013年4月在开城工业园共同举办"开城园区商品展览会",展览会将设电子、服装、鞋帽等展区,展出园区内近50家朝韩企业生产的产品。由于2013年3月份以来朝韩关系突然紧张,半岛局势急转直下,朝方声称要关闭开城工业园区,在此种情况下,原定的展览会被迫宣布取消。此前办展的计划和设想也成为泡影。

分析

这是由政治因素影响组织者并决定取消会展的典型事例,组织者在前期投入了布展、宣传和相应的人力物力成本,最终因为取消会展而无法回收成本。这种政治因素不解决好还会影响朝韩双方今后的其他相关活动,并对两国经济发展产生持续负面的影响。

2.经济因素

经济状况、汇率、利率、人口增长、人口分布和结构、受教育人数、人均工资、失业等与会展产业有关的数据都是考虑经营策略时至关重要的信息(参考示例1-2-2)。

经济状况受政治和政府影响很深。政府决定利率、教育政策和培训项目,也决定企业的权力范围,政府还会影响股东的期望。

分析经济因素的影响要分清哪些因素与会展直接相关,并知道获取信息的渠道。关键要从上述因素中汲取灵感,并理解如何引导变化,并向对节事活动有利的方向发展。观察竞争者处理变化的策略也会有所帮助。

示例 1-2-2

影响会展成本的经济因素

下面列出的是各国公布的最低小时工资标准,包括美国、英国、澳大利亚和新西兰。

美国:尽管凯利议员已经建议涨到7美元,目前的每小时最低工资标准仍是5.15美元。然而还有9个州的数字比官方公布的高,7个州没有最低的工资标准。还有3个州的数字低于官方数字。

英国:根据2004年12月1日公布的数字显示,22岁以上的成人小时工资为4.85英镑(原为4.5英镑);18～21岁的青年小时工资为4.1英镑(原为3.8英镑),新工作的前六个月或接受培训期间,22岁以上的工人,也适用该项标准。16～17岁:3英镑(原没有)。

澳大利亚:成人小时工资是11.35美元,工会(澳大利亚工会委员会)正在要求提高工资。

新西兰:成人小时工资是9美元;16～17岁是7.2美元。

分析

最低工资标准对会展产业有直接的影响,一般在选择会展活动举办地的时候,要综合考量,选取成本和收益平衡的地方办展。上述国家中,美国的工资最令办展方满意。在示例1-2-2中最好再补充上美国每一种情况相应的州名。

3.社会因素

社会趋势和社会文化环境这一概念,囊括了随潮流和可支配收入而变化的需求和品位。时间的推移,潮流和趋势不断变化,这使得曾经新奇的事物会变得至关重要又或不再重要。发生这类情况时,定价策略需要作出相应调整。同样,在英国,一种特殊的节事类型在其他地方或许不被接受,反之亦然,这取决于当地的潮流和趋势。会展组织应该关注人口的变化,例如年龄结构、道德标准、富裕程度、就业人数和休闲趋势等。当这些变化发生时,会展活动应该反映出来并推出相应的差异化产品来适应变化。这些变化发生时,其对现有服务类型的威胁可能在增长,但与此同时也会带来差异化和市场细分的机遇。

4.技术

在虚拟会议或激光表演中,观众常常会感叹于技术的发达和电脑的魔力。另一方面,节事组织往往会受到所掌握的技术水平的限制。要想与时俱进应用最先进的技术,成本就会很高。公司可能会考虑租赁那些昂贵的专业设备和技术,但最好是了解变化和竞争以及利用公司现有的或可以获得的专业技术来提供最好的服务。技术的应用也是维护企业竞争优势的一种方法。

受政府支持和鼓励的影响,企业有时可以抓住并利用组织外部的技术来为自己服务。但问题是,不断有技术突破,难道你现有的技术就过时没用了吗?考虑运用新技术的成本很重要,还应该考虑是否有必要进行培训等的额外投资。然后,大多数情况下,技术的提供者往往是你的供应商。出现这种情况时,对变化保持敏感以及与供应商保持良好关系至关重要。

就像健身场馆里的踏车运动,教练一旦要求更快,你就会达到理想的速度,之后你无法保持于是又慢了下来。一旦一个公司或会展有了创意,竞争者马上开始复制。如果创意是有形的(例如找到举办大型会议更适合的具有多种相关设施的地点),复制就更容易。然而复制无形资源(或能力)就相对比较困难,它依存于员工的价值观、企业文化和质量要求。

5.竞争

竞争通常是企业的主要威胁。在决定提供何种服务和质量水平时,企业起码不能落后于竞争对手。如今,竞争是全球性的。尽管我们会认为我们面对的是当地市场,但现在的顾客游历丰富而且信息通畅,他们会以世界级的水准来评价我们。对任何企业来说,现有或未来的竞争者只离你一步之遥。技术革新进入无壁垒时期,而且很容易复制,新技术方法和技术体系也唾手可得(见示例1-2-3)。尽管与实际不尽相同,顾客却通常容易受竞争者所宣称的内容影响,正是竞争者提供的观点设立了市场标准。只有知道竞争者以及潜在竞争者可能是谁,才能进一步了解他们能提供何种服务。

以上讨论的要素只涉及部分的外部要素,经理们应该了解这些因素如何影响企业。这项分析在你筛选哪些是可利用的机会,哪些会影响本企业而不是竞争企业的威胁时非常重要。

上述外部因素对不同的企业会产生不同的影响,有时影响力大而有时却无关紧要,这是我们必须了解的。

示例 1-2-3

会展中心

网络技术使得企业和个人只需轻轻点击就能获得世界范围内的信息。以下信息来源于这几个网站:英国伦敦 Church House 会议中心;澳大利亚墨尔本的墨尔本展览与会议中心。这些网站均是全年开放。

英国,伦敦,Church House 会议中心

如果您想在我们的会议中心举办一次会展,你需要了解会议中心的内部设施,同时会议的工作人员也是会展成功的关键因素,所以我们打算告诉你关于我们内部人员的相关情况。

许多位于伦敦的会议中心都长期受到交通噪音的困扰,Church House 却不会。它位于威斯敏斯特大教堂的背阴处,Dean's Yardl 的静音设施保护了 Church House,使之远离伦敦噪音。

同样很棒的一点就是它离 Charing Cross 和 Victoria Stations 都很近,乘火车和地铁都很方便。

我们的建筑和周围建筑体现了历史和传统的氛围,而我们的会展活动则利用了最先进的设备,并由我们的热力团队提供最新的技术。这种全新的组合创造了一种独特的氛围,这也是我们频频获奖的原因。

每一活动的圆满完成都离不开 Client Housts 的倾力相助。他们及时的管理活动,事无巨细地保证活动按照预想计划进行。

我们拥有 17 个大规模的功能厅和会议室,可以满足各种类型的活动的需求。大多数房间都拥有良好的自然采光,在这幢 20 世纪 30 年代的建筑中,你会感受到高雅细致的氛围。

会议主管负责会展活动的策划。这是个精细复杂的工作,需要高度集中的注意力和完美无缺的组织规划。会议主管也是唯一同顾客联系的人,在活动的每一个阶段都需要与客户保持定期联系,包括预订房间、准备菜单、介绍负责音响视频工作的员工、会见供应商、布置餐桌和房间装饰——任务非常多,但最后的结果却是完美无缺的。

我们已经在规定的地点安装了声光技术设备。所有的房间都配备 Cat5 电报设备和综合业务服务网 ISDN，为了配合国际性会议的需要，所有的大厅和许多小型会议室都配备了红外口译系统。

光和声音可以使一个房间活跃起来。室内技术专家保证了这一点，他们经常管理高水准的节事活动，客户从政府到媒体。技术专家会同你们合作，认真策划会展活动关键要素的每一个阶段，提供指导和建议，为确保结果和预想一致。

我们是为数不多获得会议行业协会认证的会议中心的一员，Hospitality Assured-Meetings，这证明我们符合最高标准，也是对我们员工的奉献和辛勤工作的肯定。

我们的员工不仅帮助客户成功组织会展活动，更让这些会展活动出彩出众。只有当所有的员工都为了一个共同目标努力时，才能很好地传递服务。对我们来说，成功不在于客户在会展活动当天认识到我们的努力工作，而应该是"善战者无赫赫之功"的境界，只有当客户在经历了愉快的一天后，在他们回顾时深刻体会到我们的努力。这才是员工真正得到激励的时刻。

澳大利亚，维多利亚，墨尔本，墨尔本会议和展览中心

曾获得过许多"卓越奖项"的墨尔本会议和展览中心（简称 MECC），以为国内和国际会议和展览组织者提供高质量的个性服务和会展活动设施而著称。

本中心第一个获得由关于会议中心经理的首席职业机构——AIPC 颁发的"世界最好的会议中心"称号。在国内，很久以前就成为澳大利亚会议行业的最高荣誉获得者。

MECC 提供高水平的质量控制和灵活性，这使得它深受展览组织商和会议组织商的欢迎。无论是它的交通便捷，还是它极富艺术气息的演讲厅和会议室，会议中心都将远超客户的期望。

再也没有能为您的会展活动需求提供比 MECC 更好配备的会议地点了，我们的会议室均提供最高水平的音响、视频和舞台技术，还有最先进的电子通讯设备。

我们完美的服务还包括精美的食物和饮料，我们有技术一流的厨师团队，他们在行政总厨的带领下，准备的食物水准反映了本中心的完美标准。

MECC 也提供了一系列可视交流技术，包括声音和数据处理、ISDN 和网络技术、一个 750extension PABX 系统和 state-of-the-art 光纤传输，以上所述均由总机良好控制，也就是说你可以在任何一个地点"投入其中"。

MECC 拥有三个剧场，都配备最新的视听技术，包括高宽带的视频和数据处理设施，一些会议室具备嵌入视频、电子书写板和完整的数据信号处理器，这些都为演讲和数据传输提供了良好的服务。

The Bellarine Rooms 有一系列的宽直径的地下管道,位于所有电缆沟的尾部和中部来连接它们。

展览中心每一层都是无柱子的空间,面积达 3 万平方米(32.25 万平方英尺),参展商可以通过楼层凹点、种植带和穿越整个建筑的地下通道获得大范围的电子通讯服务。

其他必需的服务设施还包括单眼和三眼插座、电话、传真、电脑和通讯端口。每一个楼层凹点都配备 6 个声音/数据插孔,使得声音和数据通讯速度达到 10Mb/s,网络播报和 ISDN、视频、声音和数据处理也覆盖整个会议中心,保证房间之间终端互联。

在 MECC,我们提供给顾客最优质的个性化服务和支持。我们了解组织会展活动并不简单,所以我们的员工会不时向客户提供建议和经验,以确保客户组织的会展活动一切进展顺利。

我们的员工都受过各自领域的良好训练,不管是食物还是饮料、时间管理、技术服务或者销售和营销,你都可以享受最好的服务和细致入微的关心。

分析

两个会展中心,两种不同的自荐风格,伦敦的中心致力于达到"善战者无赫赫之功"的境界,墨尔本的中心则强调了"体贴"和"专业"。虽是两种风格,却是一样完善的高端设备和重视服务的理念。对于会展组织者而言,与这样的会议、展览中心合作,将会"软硬兼得""内外兼修",收获一次美好的办展体验,取得满意的办展效果。

6.利益相关者

利益相关者是外部环境中很特殊的一部分,因此在会展运营管理模型的第一阶段中需要特别关注,他们理应是企业进行外部分析的一部分内容。当然,还存在一些内部的利益相关者(例如雇员和经理)。利益相关者是影响或被组织活动所影响的人们或个人的集合。股东是利益相关者的一个组成部分。以前的经济理论称股东应该被赋予第一优先权,因为通常认为所有者(例如股东)与经理是同义的。但是节事经理是拿薪水的雇员,在关心利润的同时,他们同时重视自我发展和安全性,也会有成功规划。竞争者和政府具有一定的约束力,而企业也应该与他们的供应商和合作者建立良好的关系。

由于不同的利益相关者并不总是彼此协调一致的,在考虑不同的因素和在不同的环境下他们的观点也不尽相同,因此对利益相关者的分析尤其重要。

7.赞助商

赞助商组成了外部环境中另一个特殊的群体,因此也应在会展运营管理中加以分析。他们是利益相关者,但因为他们对会展公司影响重大,所以应该单独考虑。历史上,赞助关系可以追溯到职业运动赛事。赞助关系允许不同的人群到达特定市场,并协助每个组织者获得额外的赞助以降低成本。赞助来源可分为:

- 实物赞助、商品或活动交换;
- 来自当地团体、政府的馈赠;
- 来自慈善机构、发展代理商、艺术机构、娱乐机构或遗产机构的馈赠;
- 彩票收益;
- 与会展相关的筹资活动;
- 商业银行借款;
- 信托基金。

然而,会展并不总能吸引赞助商。潜在的赞助商需要从会展中"得到某种东西"。如果没有回报,他们不会提供任何资金或赞助。这里列出赞助商希望从中受益的项目列表:

- 相关市场曝光度;
- 公开化和不断增强的公共关系;
- 媒体曝光率;
- 会展的可进入性/热情程度;
- 共同致力于改善形象。

对会展组织者来说赞助商很重要,必须处理好与赞助商的关系,否则也会给会展活动带来某些限制和不便,比如某赞助商希望成为主要赞助商,这会造成与其他赞助商的对立。

赞助商甚至会限制、改变你原本的计划,他们对会展的想法或许跟你的初步想法对立,而你明知它并不一定合适却不得不接受它,所以在某些情况下,就不适合采取与赞助商合作的方式。同样你还得考虑赞助商是否具有能增强会展影响力的声望,还是会使你的项目陷入失败境地。

二、会展立项策划书

(一)概念

项目立项是行业分析和项目构思的结果。换句话说,展览组织者策划一届展览会,首先要明确举办一个什么性质、什么主题的展览会,然后便可以做一个初步的构想,包括展出的内容、时间和场地、展台售价、合作伙伴以及目标客户等,分析其与自身的能力和办展目标是否相吻合。如果主办方经过评估认为值得,则需要通过可行性分析对展览会进行更具体的审核。

特别值得指出的是,展览项目立项必须小心谨慎、考虑周全。例如,展览会举办的时间选定,原则上要避开国内外同类展览会特别是品牌会展的举办时间,以免发生冲突,一般而言,举办时间至少要相隔三个月以上。再如,在支持单位和合作单位的选择上也应该慎重,前者往往是某个行业的政府主管部门、权威协会或具有广泛影响力的行业媒体等,后者包括当地行业协会、主办单位的分支机构、行业权威机构甚至是海外的代理机构(国际展)等。选择合适的支持单位和合作单位可以增强展览会的影响力和权威性,最大限度地挖掘新客户,同时还能降低招展成本。

《会展立项策划书》是为策划举办一个会展而提出的一套办展规划、策略和方法,它是对会展性质、主题、时间、地点、内容、合作伙伴和目标客户各个方面的归纳和总结。

(二)会展立项策划书的内容结构

一般情况下,《会展立项策划书》主要包括以下内容:

1.办展市场环境分析。包括对会展展览题材所在产业和市场的情况分析,对国家有关法律、政策的分析,对相关会展情况的分析,对会展举办地市场的分析等。

2.确立会展的基本框架。包括会展的名称和举办地点、办展机构的组成、展品范围、办展时间、办展频率、会展规模和会展定位等。

3.会展初步预算方案及会展价格。会展初步预算是对举办会展所需要的各种费用和举办会展预期以获得的收入进行的初步预算。会展价格就是为会展的展位出租制定一个合适的价格。会展展位的价格往往包括室内展场的价格和室外展场的价格,室内展场的价格又分为空地价格和标准摊位的价格。

4.会展招展计划。招展就是通过各种方式将那些产品(服务)与拟办展览会主题相符的制造商、供应商、成果拥有者、服务提供者吸引进展览会,让其在展览会上展示和推销自己的产品、服务和技术成果。招展计划就是为招揽以上企业参展而制定的各种策略、措施和办法。

5.会展招商计划。招商就是通过各种方式将那些对拟办展览会展示产品有需要和感兴趣的采购商和其他观众引进展览会。招商计划主要是为招揽观众特别是专业观众参观会展而制定的各种策略、措施和办法。

6.会展宣传推广计划。宣传推广计划则是为建立会展品牌和树立会展形象,并同时为会展的招展和招商服务的。

7.会展筹备进度计划。筹备进度计划是根据会展举办的时间要求来控制好会展的准备、组织进度。

8.会展开幕和现场管理计划。包括开幕的时间、地点、人员、议程和现场布置、设备设施管理、媒体接待、安全保卫等内容。

9.会展工作人员分工计划。人员分工计划是对会展工作人员的工作进行统筹安排。

10.会展服务商安排计划。是对展品运输商、展台搭建商、广告服务商、旅游接待商、礼仪服务商、会展住宿酒店、宾馆等公开招标、择优选聘的计划安排。

11.会展期间举办的相关活动计划。会展相关活动是指为创造会展现场气氛或丰富会展功能而在会展期间举办的各种活动。一般有会议、表演、比赛等。

12.会展撤展计划。是对展位的拆除、参展商租用展具的退还、参展商展品的处理和回运、展品出馆控制、展场的清洁、撤展安全保卫等工作的部署筹划。

（三）会展立项策划书的写作要求

1.会展名称

展览会的名称一般包括三个方面的内容：基本部分、限定部分和行业标识。如"第41届世界博览会"也就是中国承办的首届世界博览会——2010年上海世博会，如果按上述三项内容对号入座，则基本部分是"博览会"，限定部分是"世界"和"第41届"，行业标识在这个名称里没体现，如果要加上那就是"国家或地区的经济、文化、科技"。

下面分别对这三项内容作一些说明：

基本部分：用来表明展览会的性质和特征，常用词有展览会、博览会、展销会、交易会和"节"等。

限定部分：用来说明会展举办的时间、地点和会展的性质。

会展举办时间的表示办法有三种：一是用"届"来表示，二是用"年"来表示，三是用"季"来表示。如第三届大连国际服装节、2012年广州博览会、法兰克福春季消费品展览会等。在这三种表达方式中，用"届"来表示最常见，它强调会展举办的连续性。那些刚举办的会展一般用"年"来表示。

会展举办的地点在会展的名称里也要有所体现，如第三届大连国际服装节中的"大连"。会展名称里体现会展性质的词主要有"国际"、"世界"、"全国"、"地区"等。如第三届大连国际服装节中的"国际"表明本会展是一个国际展。

行业标识：用来表明展览题材和展品范围。行业标识通常是一个产业的名称，或者是一个产业中的某一个产品大类，如第三届大连国际服装节中的"服装"表明本会展是服装产业的会展。

2.会展地点

策划选择会展的举办地点，包括两个方面的内容：一是会展在什么地方举办；二是会展在哪个展馆举办。具体选择在什么地方、哪个展馆举办会展，要结合会展的展览题材和会展定位而定。另外，在具体选择展馆时，还要综合考虑使用该展馆的成本的大小，展期安排是否符合自己的要求以及展馆本身的设施和服务等因素。

3.办展机构

办展机构是指负责会展的组织、策划、招展和招商等事宜的有关单位。根据各单位在举办展览会中的不同作用，一个展览会的办展机构一般有以下几种：主办单位、承办单位、协办单位、支持单位等。办展机构可以是企业、行业协会、政府部门和新闻媒体等。

主办单位:拥有会展并对会展承担主要法律责任的办展单位。主办单位在法律上拥有会展的所有权。

承办单位:对会展承担主要财务责任的办展单位,直接负责会展的策划、组织、操作与管理。

协办单位:协助主办或承办单位负责会展的策划、组织、操作与管理,部分地承担会展的招展、招商和宣传推广工作的办展单位。

支持单位:对会展主办或承办单位的会展策划、组织、操作与管理,或者是招展、招商和宣传推广等工作起支持作用的办展单位。

4.办展时间

办展时间是指会展计划在什么时候举办。办展时间有三个方面的含义:一是指办展的具体日期;二是指会展对观众开放的日期;三是指会展的筹展和撤展日期。展览时间的长短没有统一的标准,要视不同会展的具体情况而定。国际展(尤其是出国展)的时间选择,一般选择全年的办展旺季即3~6月和9~10月。初次赴海外或在国内举办国际展,办展时间确认必须提前一年或一年以上,以便确定办展地点和展览预算。有些会展的展览时间可以很长,如"世博会"的展期长达几个月甚至半年。总的来说,综合性的会展一般时间略长一些,但对于占会展绝大多数的专业贸易展,展期一般以3~5天为宜。

在办展的时间安排方面,需要确定一些重要的日期和时间节点。一般会展需尽早确定的重要日期和时间节点有:

(1)开幕日期和闭幕日期。

(2)会展期间主要活动的时间安排。

(3)参展报名截止日期。

(4)组团报名截止日期。

(5)代办签证截止日期。

(6)展位搭建进场日期。

(7)撤展期限。

然后再根据已定的日期和时间节点来排列工作顺序,设计工作计划时间表。

5.展品范围

会展的展品范围要根据会展的定位、办展机构的优劣势和其他多种因素来确定。

根据会展的定位,展品范围可以包括一个或者几个产业,或者是一个产业中的一个或几个产品大类。例如,"博览会"和"交易会"的展品范围就很广,如"广交会"的展品范围就超过10万种,几乎是无所不包;而德国"法兰克福国际汽车展览会"的展品范围涉及的产业就很少,只有汽车产业一个。

6.办展频率

办展频率是指会展是一年举办一次或几次还是几年举办一次,或者是不定期举行。从目前展览业的实际情况看,一年举办一次的会展最多,约占全部会展数量的八成,一年举办两次和两年举办一次的会展也不少,不定期举办的会展已经是越来越少了。办展频率的确定受展览题材的制约,也受产业特征的制约。我们知道,几乎每个产业的产品都有一个生命周期,产品的生命周期对会展的办展频率有重大影响。当一个产品处于投入期和成长期时,就是生产企业参展的黄金时期,会展组织者要了解市场和企业动向,及时调整办展频率,牢牢抓住并利用好这两个时期。

7.会展规模

会展规模包括三个方面的含义:一是会展的展览面积有多大;二是参展单位的数量是多少;三是参观会展的观众大约有多少。在策划举办一个会展时,对这三个方面都要做出预测和规划。在规划会展规模时,要充分考虑产业的特征。会展的规模还会受到与会观众数量和质量的限制。

8.会展定位

会展定位是通过细分会展市场,确定目标参展商和观众,并使他们了解会展的内容。会展定位要能尽量反映展览题材所在产业的发展趋势,抓住该产业的热点,体现该产业的亮点和市场的特点即所谓的要"抓住产业跳动的脉搏"。或者会展定位要能切实满足该产业某一细分市场的需求。

通俗地讲,会展定位就是要清晰地告诉参展企业和观众这次会展"是什么"和"有什么"。具体地说,会展定位就是办展机构根据自身的资源条件和市场竞争状况,通过建立和发展会展的差异化竞争优势,使自己举办的会展在参展企业和观众心目中形成一个鲜明而独特的印象的过程。

会展定位要明确会展对象即目标参展商和观众,还要明确办展目标、会展的主题等。

从市场营销学的角度来讲,所谓定位(positioning),就是产品或服务在消费者心目中的地位。对于展览会而言,定位是指某一展览会的发展目标及其在同类型展览会中的竞争地位,即展览组织者希望把展览会办成什么样子。这种定位既能形成展览会的特色,同时也决定了参展商与专业观众的层次和结构。例如,2012年中国(杭州)汽车用品交易会的办展定位就是打造汽车用品最完整的供应链。

9.展位定价和会展初步预算

要求策划人员运用合理的定价策略,确定展位价格和参会费用,力求达到会展经济效益最大化。对于各种收支费用尽可能细化,便于掌控。会展价格就是为会展的展位出租制定一个合适的价格。会展展位的价格往往包括室内展场的价格和室外展场的价格,室内展场的价格又分为空地价格和标准展位的价格。在制定会展的价格时,一般遵循"优地优价"的原则,即那些便于展示和观众交流的展位的价格往往要高一些。

会展初步预算是对举办会展所需要的各种费用和举办会展预期获得的收入进行的初步预算。在策划举办会展时,要根据市场情况给会展确定一个合适的价格,这样对吸引目标参展商参加会展十分重要。

10. 人员分工、招展招商和宣传推广计划

人员分工计划、招展计划、招商计划和宣传推广计划是对会展的具体实施计划,这四项计划在具体实施过程中会互相影响。人员分工计划是对会展工作人员的工作进行统筹安排。招展计划主要是为招揽企业参展而制定的各种策略、措施和办法。招商计划主要是为招揽观众参观会展而制定的各种策略、措施和办法。宣传推广计划则是为建立会展品牌和树立会展形象,并同时为会展的招展和招商服务的。

11. 会展进度计划、现场管理计划和相关活动计划

会展进度计划是在时间上对会展的招展、招商、宣传推广和展位划分等工作进行的统筹安排。它明确在会展的筹办过程中到什么阶段就应该完成哪些工作,直到会展成功举办。会展进度计划安排得好,会展筹备的各项准备工作就能有条不紊地进行。

现场管理计划是会展开幕后对会展现场进行有效管理的各种计划安排,它一般包括会展开幕计划、会展展场管理计划、观众登记计划和撤展计划等。现场管理计划安排得好,会展现场将井然有序,给观众留下美好的参展印象。

会展相关活动计划是在会展期间准备同期举办的各种相关活动做出的计划安排。与会展同期举办的相关活动比较常见的有技术交流会、经验分享会、主题研讨会和各种表演等,这些活动为会展的举办起到了锦上添花的作用。

第三节 可行性报告写作

一、会展项目可行性报告的概念

会展可行性研究报告是在会展立项策划书的基础上,对该项目实施的可能性、有效性、技术方案、技术政策进行具体、深入、细致的技术论证和经济评价,以求确定一个合理、合算的最优方案和最佳时机而写的书面报告。

会展可行性研究报告是为上报上级主管部门对本项目的实施予以批准的依据,它属于一种呈报性文书。会展项目立项可行性研究报告就是在对会展立项进行可行性分析的基础上完成的研究报告。会展立项可行性分析是会展项目立项策划的继续。会展项目立项策划主要是在掌握各种信息的基础上,初步提出计划举

办的会展"是什么样的"。会展立项可行性分析则是在仔细研究各种信息的基础上,深入分析会展立项策划中提出的会展方案是否可行、会展目标能否达到,从而为最后是否举办该会展提供科学的决策依据。

项目可行性分析包括市场分析、最优方案选定、财务预算等,内容比较多样,它是项目管理的关键步骤。然而,在商业性展览活动中,所有的策划行为都离不开市场,因此对于展览会策划而言,项目可行性分析的主要内容是分析某一展览会市场的结构和前景,并选定最优的项目运作方案。

对会展项目及方案进行可行性分析,是会展项目立项策划的继续。会展立项可行性分析通过一套行之有效的办法,对会展立项策划提出的会展举办方案进行全面系统的研究、分析、比较和选择,来判断方案是"可行的"还是"不可行的"。如果会展立项策划通过可行性分析,证明计划举办会展的市场条件具备,项目具有生命力,各种执行方案策划合理,项目在经济上可行,风险较小且有一定的社会效益,就可以通过该会展立项策划,并决定举办该会展了。同样,完成了《会展立项策划书》,并不意味着该立项的会展就可以举办了。项目立项只是对举办什么题材的会展和如何举办该会展提出了一个初步的意见,制订了一套初步的方案,至于该会展是否真的可以举办和该方案是否真的可行,还需要对该会展项目及方案进行可行性分析。可行性分析的结论及其他必须考虑的因素,才是最后决定是否可以举办该会展的最终依据。

二、会展项目立项可行性研究报告的内容结构

会展项目立项可行性研究报告,要对会展立项是可行还是不可行做出系统的评估和说明,并为最终完善该会展项目立项策划的各具体执行方案提供改进依据和建议。因此,会展项目立项可行性研究报告主要包括以下几项内容:

（一）目标市场分析

进行展览会目标市场分析的基础是理解某一展览会所在行业的产业结构。只有弄清楚某一产业的大市场、小市场和市场构成,展览策划人员才能根据现有同类展览会的定位,确定本会展的展品、参展企业以及潜在的专业观众。由此也可以看出,展览项目策划人员必须掌握产业经济学和市场学的相关理论与方法。市场环境分析的具体内容包括以下三方面。

1. 宏观市场环境:包括产业环境、人口环境、经济环境、技术环境、政治法律环境和社会文化环境。在获得上述信息后,结合会展产业的实际特征,对举办会展所面对的宏观市场环境的各个方面做出准确的分析,寻找市场机会,发现问题,为会展立项可行性研究的最终决策服务。

2. 微观市场环境:是指对办展机构举办会展构成直接影响的各种因素。这些因素包括办展机构内部环境、目标客户、同类展览竞争者、营销中介、服务商和社会

公众等。

(1)办展机构内部环境:就是办展机构内部所具备的各种条件,包括资金、人力、物力以及所掌握的信息资源和能联系的社会资源等。

(2)目标客户:就是会展的潜在参展商和观众。

(3)竞争者:就是与本会展有竞争关系的其他同类会展。

(4)营销中介:是受办展机构委托的,或者是协助会展进行宣传推广和招展招商的那些中介组织和单位,包括会展的招展代理、招商代理以及广告代理。

(5)服务商:是受办展机构的委托,为会展提供各种服务的机构,包括会展指定的展品运输代理、负责展位的展位承建商、提供旅游服务的旅行社、提供住宿服务的宾馆酒店,以及提供会展资料印刷和观众登记的专门服务商等。

(6)社会公众:指对会展实现其目标具有实际或潜在影响的群体。一般有6种公众,媒体公众、政府公众、当地民众、市民行动公众、办展机构内部公众以及金融公众。

3.市场环境评价:对市场环境的整体分析和综合评估是建立在已经掌握了市场环境内外部优劣势的基础上,根据掌握的信息对未来的环境变化趋势做出预测。对市场环境进行整体分析和综合评估最常用的方法是在前面第二节会展立项外部环境分析中已经提到的"SWOT分析法"。

(二)会展项目生命力分析

1.项目发展空间:一般地,分析会展项目是否有发展空间,就是要分析举办该会展所依托的产业空间、市场空间、地域空间、政策空间等是否具备。

2.项目竞争力:从会展本身出发,分析本会展与同题材的其他会展相比是否具有竞争优势。会展的竞争优势来源于很多方面,但对于一个展览题材已定的会展来说,会展定位的号召力、办展机构的品牌影响力、参展商和观众的构成、会展价格和会展服务等因素,对会展的竞争优势具有决定性的影响。

3.办展机构优势分析:每一个办展机构都有自己擅长的领域,也都有自己不熟悉的方面。在自己不熟悉的领域里从事经营活动,就好像是在黑夜里摸索前进。办展机构的优势,决定着他们在哪些产业里举办会展成功的可能性较大,决定着他们举办怎样性质的会展将会有较大的优势。

(三)会展执行方案分析

会展执行方案分析是从计划举办的会展项目的本身出发,分析该会展项目立项计划准备实施的各种执行方案是否完备,是否能保证该会展计划目标的实现。会展执行方案分析的对象是该会展和各种执行方案,分析的重点是各种执行方案是否合理、是否完备和是否可行。

1.对计划举办的会展的基本框架进行评估:会展的基本框架就是会展的基本内容,包括会展的名称、举办会展的地点、办展机构、办展时间、展品范围、办展频率、会展规模和会展定位等有关会展的基本信息。评估的构成是：

（1）会展名称和会展的展品范围、会展定位之间是否有冲突。

（2）办展时间、办展频率是否符合展品范围所在产业的特征。

（3）会展的举办地点是否适合举办该会展。

（4）在会展展品范围所在产业里能否举办如此定位和规模的会展。

（5）会展的办展机构在计划的办展时间内能否举办如此规模和层次的会展。

（6）办展机构对会展展品范围所在产业是否熟悉。

（7）会展定位与会展规模之间是否有冲突。对此应进行总体的分析，而不是个体的分析，要避免"个体合理、群体冲突"的现象出现。

2.招展招商和宣传推广计划评估：包括招展计划、招商计划和宣传推广计划三个执行方案在实际实施时的互相影响。例如，招揽企业参加会展的过程，实际上部分起到了邀请观众到会展参观的作用，客观上也是在本行业内为会展作宣传；邀请观众到会展参观的过程，实际上也部分地起到了招揽企业参加会展的作用，客观上也是在本行业以及相关行业内为会展作宣传；至于宣传推广方案，在实际实施时，不仅是在为会展作宣传，它同时也起到招揽企业参加会展和邀请观众到会展参观的作用。当然，这三个方案还要重点突出、目的明确。

3.会展进度计划评估：该评估是对会展筹备以及展览期间的各项工作进行统筹安排的计划，它明确规划了各办展机构在什么时候应该干什么事情；到什么时候应该完成什么任务，达到什么目标。会展进度计划的主要目的，是要让各办展机构以及工作人员明确会展各时期的工作和任务，让会展筹备以及展览期间的各项工作能有条不紊地进行，并能保质保量地完成。会展进度计划评估主要从以下几个方面着手：

（1）各项工作进程安排的合理性。

（2）各阶段工作目标的准确性。

（3）各项工作安排的配套性。

（4）各项工作安排的可行性。

（5）各阶段工作安排的统一性。

4.现场管理和相关活动计划评估：该评估是对会展开幕现场和会展展览现场进行管理的计划安排。会展相关活动计划是对会展同期举办的各种技术交流会、经验分享会、主题研讨会以及表演和比赛等进行的计划安排。这两项计划的具体执行时间都是在会展的展览期间，地点常常也在会展现场内，执行时会彼此影响。此项评估主要考察：

（1）现场管理计划的周密性。

（2）现场管理计划的可控性。

（3）相关活动的必要性。

（4）相关活动的可行性。

（5）现场管理和相关活动的协调性。

（四）会展项目财务分析

会展项目财务分析是从办展机构财务的角度出发，按照国家现行的财政、税收、经济与金融等规定，在筹备举办会展时确定价格的基础上，分析测算举办该会展的费用支出和收益，并以适当的形式组织和规划好举办会展所需要的资金。会展项目财务分析的主要目的，是分析计划举办的会展是否经济可行，并为即将举办的会展制定资金使用规划。

1. 会展项目财务分析的方法：它所需要的基础数据，如投入资金的多少、成本、收益和利润等，都是来源于前期的市场调查和基于这种调查而作出的预测。

2. 价格定位：办展机构的定价目标主要有以下五种：

（1）利润目标。

（2）市场份额目标。

（3）市场汲取目标。

（4）会展质量领先目标。

（5）生存目标。

办展机构最终选择哪种定价目标，主要受三个要素的影响：顾客、成本和竞争。

3. 成本收入预测：在分析了会展的价格是否合理以后，就要对举办会展的成本和收入进行进一步的考察，以便进一步地分析举办该会展是否经济可行。首先，举办一个会展包括下列各项费用：

（1）展览场地费用，即租用展览场馆以及由此而产生的各种费用。这些费用包括，展览场地租金、展馆空调费、展位特装费、标准展位搭建费、展馆地毯及铺设地毯的费用、展位搭装加班费等。

（2）会展宣传推广费，包括广告宣传费、会展资料设计和印刷费、资料邮寄费、新闻发布会的费用等。

（3）招展和招商的费用。

（4）相关活动的费用，包括技术交流会、研讨会会展开幕式、嘉宾接待、酒会、会展现场布置、礼品、请会展临时工作人员的费用等。

（5）办公费用和人员费用。

（6）税收。

（7）其他不可预见的费用。

其次，举办一个会展的收入一般包括：

（1）展位费收入。

（2）门票收入。

（3）广告和企业赞助收入。

（4）其他相关收入。

4.盈亏平衡分析：在现实中，人们在对会展项目进行成本收入预测时，往往想知道的一个重要问题是本会展的展览规模要有多大才能保证会展不出现亏损；或者，如果本会展的展览规模已经确定，那么，会展价格应该处于怎样的水平时会展才不会出现亏损。

为此，我们必须对会展进行盈亏平衡分析。这是指办展机构举办会展所得到的所有收入恰好能弥补其为举办该会展所支出的所有成本费用，也就是总收入正好等于总成本。能够使会展达到盈亏平衡的会展规模就是会展盈亏平衡规模，能够使会展达到平衡的会展价格就是会展盈亏平衡价格。而最重要的是我们需找到一个盈亏平衡点，这是指能够使会展达到盈亏平衡的会展规模或会展价格，可以按以下公式求得：

盈亏平衡价格（单个展位）＝会展总成本÷会展总展位数、
这是以单个标准展位来定价

盈亏平衡价格（单位展览面积）＝会展总成本÷会展展览总面积

能够使会展达到盈亏平衡的标准展位数量可以用以下公式求得：

盈亏平衡规模（标准展位数量）＝会展总成本÷单位标准展位价格

能够使会展达到盈亏平衡的展览面积可以用以下公式求得：

盈亏平衡规模（展览面积）＝会展总成本÷单位展览面积价格

5.现金流量分析：包括净现值分析、净现值率分析、获利指数分析、内部收益率分析。不是所有的会展都可以在第一届或是第二届就可以获利的，这需要一个培育的过程。现金流量是指在未来一定期间所发生的现金收支。其中，现金收入称为现金流入量，现金支出称为现金流出量；现金流入量与现金流出量相抵后的余额称为现金净流量。对于需要有培育期的会展来说，现金流入量与前面提到的会展收入的来源项目大致相同，现金流出量与会展成本费用的项目大致相同。不过，在测算现金流量的具体数据时，要剔除沉淀资本，要考虑现金当量和资金的时间价值，不能忽视成本。通过下列指标可对会展是否值得举办作出初步的判断。

（1）净现值：指会展项目计算期内，按行业基准收益率或其他设定的折现率折算的各届会展的净现金流量的代数和。如果净现值大于零，该会展就值得举办。

（2）净现值率：指会展项目的净现值占原来投资现值总和的百分比。如果净现值率大于或等于1，该会展就值得举办。

（3）获利指数：指会展项目举办后按行业基准收益率或其他设定的折现率折算的各届会展的净现金流量现值总额与原始投资现值总额之比。如果获利指数大于或等于1，该会展就值得举办。

（4）内部收益率：是能使会展项目的净现值等于零时的折现率。如果内部收益率大于资金成本，该会展就值得举办。

6.资金筹措:办展机构可以根据其自身的经营以及会展筹备工作对资金投入的需要,通过一定的渠道,采取适当的方式获取一定的资金。办展机构在筹措资金时,应遵循以下基本原则:

(1)规模要适当。

(2)筹措要及时。

(3)方式要经济。

(4)来源要合理。

(五)风险预测

主要从以下几方面来对举办会展所面临的风险进行预测和评估:

1.市场风险。市场风险是指那些由市场和社会宏观环境所带来的对所有办展机构都发生影响的风险,如战争、自然灾害、瘟疫、经济衰退、政治法律因素及国际恐怖袭击等。

2.经营风险。经营风险是指因办展机构经营方面的原因而给会展举办带来的风险,如会展现场布置不当和设施老化等引起现场火灾和展位坍塌;因通道安排不合理而致人群拥挤并出现事故;因会展定位不当、招展不力、招商不顺、宣传效果不佳、人力资源及人员结构不适合而使会展无法继续举办;展览管理失误而引起参展商"闹展"或"罢展"等。

3.财务风险。财务风险包括办展机构自有资金和举债筹措办展资金给财务成果带来的不确定性,如办展机构息税前利润不够支付利息,资金安排跟不上会展筹备工作对资金投入的需要等。

4.合作风险。合作风险是指办展机构和各合作单位之间、办展机构与展馆之间、办展机构与会展各服务商以及各营销中介之间,在合作条件、合作目标和合作事务各环节上可能出现的不协调、不一致和其他不确定性而对会展产生严重的影响。例如,某合作机构中途退出会展、会展指定展品运输商工作失误使展品运输紊乱、展馆因某种原因而延迟会展的排期等。

(六)存在的问题

包括通过以上可行性分析发现的会展项目立项存在的各种问题、研究人员在可行性分析以外发现的可能对会展产生影响的其他问题等。

(七)改进建议

针对上述问题,提出对会展项目立项策划的改进建议,指出要成功举办该会展应该努力的方向等。

(八)努力的方向

根据会展的办展宗旨和办展目标,在上述分析的基础上,针对存在的问题,提出要办好该会展所需要具备的其他条件和需要努力的方向。

三、会展项目可行性报告的写作要求

在明确了目标市场、会展定位和未来的成本收益状况之后,策划人员就可以做出展览项目决策了。但面对若干种看似可行的操作方案,展览策划者还有一系列的工作要做,研究项目的可行性、选择最优方案和制订项目运作方案,只有在完成这些工作后才算正式定了展览项目。之后,策划人员需要撰写详细的可行性研究报告,并将其提交给公司决策层。

可行性研究报告是展览策划者就某一个项目进行可行性研究的书面表达,它是会展组织者决定是否继续进行某展览项目的依据。在可行性研究报告中,策划人员要对自身所代表的组织和举办地的能力及条件进行全面分析,换句话说,要综合考虑盈利、场地要求、管理技术要求、预计参展商数量和观众人次、展览会的竞争力、公共与私人财务援助的可用性、行政支持等诸多因素,其中,准确估计展览会的成本和收益最重要。

一般而言,展览项目可行性研究报告包括六大部分,即:①项目简介;②技术性要求(如对展览场地的特殊要求,需要配备专业人员等);③财务预算(包括资金投入、政府拨款、展位销售收入、赞助和广告收入等);④展览会的市场前景与目标市场分析;⑤管理技术和人力资源分析;⑥结论。

《会展项目立项可行性研究报告》是办展机构进行决策的重要依据,是决定是否要举办相关会展的重要文件。因此,《会展项目立项可行性研究报告》的写作必须做到材料真实充分,分析客观科学,判断正确合理,尤其需要明确以下几点:

1.市场环境分析是会展立项可行性分析的第一步,它是根据会展立项策划提出的会展举办方案,在已经掌握的各种信息的基础上,进一步分析和论证举办会展的各种市场条件是否具备,是否有举办该会展所需要的各种政策基础和社会基础。市场环境分析是从计划举办的会展项目的外部因素出发来分析举办该会展的条件是否具备,不仅要研究各种现有的市场条件,还要对其未来的变化和发展趋势作出预测,使立项可行性分析得出的结论更加科学合理。

2.会展项目生命力分析是从计划举办的会展项目本身出发,分析该会展是否有发展前途。分析会展项目的生命力,不是只分析会展举办一届或两届的生命力,而是要分析该会展的长期生命力,即要分析如果本会展举办五届以上是否还有发展前途的问题。

3.会展执行方案分析是从计划举办的会展项目本身出发,分析该会展项目立项计划准备实施的各种执行方案是否完备,是否能保证该会展计划目标的实现。会展执行方案分析的对象是该会展的各种执行方案,分析的重点是各种执行方案是否合理、是否完备和是否可行。

需要强调的是,对会展基本框架进行评估,重点不是分析构成会展基本框架的

某一因素的策划安排是否合理和可行,而是从总体上分析会展基本框架是否合理和可行。因为,尽管对构成会展基本框架的每一个因素的策划安排可能是合理和可行的,但由这些因素所构成的会展基本框架从总体上看却可能是不合理和不可行的。所以,要避免这种"个体合理,群体冲突"现象的出现,对会展基本框架进行评估就十分重要。

4. 会展项目经济测评是从办展机构财务的角度出发,分析测算举办该会展的费用支出和收益。会展项目经济测评的主要目的是评价计划举办的会展是否经济可行,并为将要举办的会展制定资金使用计划。

对展览会的成本和收益进行估算是项目可行性分析的重要内容。因为对于展览公司而言,目标很明确,即通过举办展览会获取利润。即使目前不盈利,在连续举办几届以后也一定会获利。从这个角度来讲,成本收益估算就是展览会的经济可行性分析。

5. 风险预测、存在的问题、改进建议及努力的方向等项是《会展项目立项可行性研究报告》不可或缺的重要组成部分。

示例 1-3-1

上海国际航空航天博览会项目可行性研究报告[①]

第 1 章 总论

国务院在世纪之交批准了《上海市总体规划 1999—2020》,该规划的目标是"将上海初步建成国际经济、金融、贸易、航运中心之一,基本确立上海国际经济中心城市的地位,发挥上海国际国内两个辐射转换的纽带作用"。这是国家对上海发展的一次富有远见的全新定位。上海要实现这一重要的国家战略部署,建成一座国际性大都市,必须有一批国际性的大项目与之相配套。上海目前正在建设上海国际汽车城,兴建 F1 赛车场,争取迪斯尼、环球乐园项目,并积极申办 2010 年世博会。这一切表明上海正全方位出击,寻求新的经济增长点,开发建设高附加值项目,努力提升上海的国际地位。

为配合浦东国际机场亚太地区枢纽港建设步伐,充分利用机场现有设施,上海机场(集团)有限公司提出了在上海浦东国际机场举办国际性航展的设想,使国际航展成为上海又一经济、旅游亮点。

1.1 项目概况

1.1.1 项目名称

上海国际航空航天博览会(以下简称为"上海国际航展")

---

① 向国敏主编:《会展文案写作与评改》,华东师范大学出版社 2008 年版,第 108 页。

1.1.2 项目承办单位

将以上海机场(集团)有限公司为主,吸收国内著名展览公司和国外有操作航展经验的航空展览公司入股与合作。

1.1.3 航展举办时间

首届上海国际航展定于 2004 年或 2005 年 9 月举行,以后每两年举行一次。

1.1.4 航展定位和举办规模

上海国际航展功能定位为综合性大型国际航展。首届航展展期共 7 天,规模为:专业展日 4 天,拟邀请国内外知名度较高的 4 家航空航天企业参展。公众开放日 3 天,为保证安全,每日限量售票 5 万张。

1.1.5 建设地点和建设内容

上海国际航展举办地点定于浦东国际机场,拟在浦东国际机场范围内新建 2 万平方米的室内展厅,利用现有 35 万平方米专机坪或 28 万平方米维修坪中的 14 万平方米作为室外展示场地。

1.1.6 投资估算和资金筹措

经估算,本项目建设投资为 5350 万元,所有建设资金由项目公司自行筹措解决。

1.1.7 经济评价

经初步分析,首届上海国际航展的销售利润为 134 万元,税前销售利润率为 1.8%,具有一定的财务效益。同时,举办航展还将会带动本地宾馆、餐厅、交通、娱乐场所等产业,社会效益显著。

第2章 上海举办国际航展的必要性(略)

第3章 上海举办国际航展的优势分析(略)

萧4章 上海国际航展功能定位(略)

第5章 上海国际航展的规模及客源(略)

第6章 营销思路(略)

第7章 项目选址与建设内容

7.1 项目选址

上海国际航展拟选址于上海浦东国际机场举行。具体选址方案有两个:

方案一:利用为 APEC 会议建设的 35 万平方米的专机坪或航空公司基地维修机坪作为室外展示场地。在其附近新建室内展厅。

方案二:在浦东机场东北角预留的综合用地范围内新建机坪。

两个方案的飞行表演均安排在海上进行,有利于飞行表演的安全。仅需加强海面巡逻和救护措施。经比较,方案一利用现有设施,投资较少(固定资产投资约 3 000 多万元)。方案二可利用土地面积较大,对项目远期发展比较有利,但前期工程投资大,约需投资1亿～1.2亿元(依据专机坪工程测算),建设周期也比方案一长。

从建设资金、建设周期等因素考虑,上海国际航展的前几届拟按方案一实施。待上海航展积累经验和资金后,利用浦东机场建成的第二条跑道,实施第二方案。

具体的选址方案还需结合机场总体规划、二期工程的建设计划等情况来确定,并报有关部门审批后定。

7.2 建设内容(略)

7.3 浦东国际机场公用配套条件(略)

第8章 项目的组织管理及运营模式

8.1 航展的组织管理机构(略)

8.2 航展的运营模式(略)

第9章 投资估算、资金筹措及经济效益初步分析

9.1 投资估算(略)

9.2 资金筹措(略)

9.3 经济效益分析

9.3.1 财务效益分析(略)

9.3.2 社会效益分析(略)

第10章 项目风险与对策分析

项目在以下几方面存在一定的政策、经营风险,有可能对项目的投资收益带来一定的影响,应予以考虑和防范。

10.1 风险因素

10.1.1 政策风险(略)

10.1.2 运作风险

“9·11”事件以后,全球航空业出现不景气的情况,许多航空企业订单大幅下降,企业效益下滑,参加世界上每年一次(甚至几次)航展的积极性大大下降。航空业的复苏还有待时日。因此,定于2005年举行的首届上海航展存在招商风险。

10.1.3 军机缺乏风险(略)

10.1.4 飞行安全风险(略)

10.2 对策(略)

第11章 结论与建议

11.1 结论

举办航展对提升上海国际地位,对促进我国航空制造业的发展和上海会展业的发展,对带动旅游业及相关产业的发展,拉动经济发展有积极意义。举

办航展是必要的,也是符合上海发展需求的。(略)

11.2 建议(略)

分析

这篇可行性研究报告原文较长,内容详尽,材料翔实,数据充分,分析透彻,结论令人信服。从摘录的部分看,其写作有一个非常突出的特点,就是善于作纵横比较。纵向比较是指能从历史的角度分析大项目的必要性及其经济效益、社会效益;横向比较是指把本项目与其他相关的会展作比较分析,从中找出本项目的优势。为了论证举办时间(9月份)的合理性,作者列举国际及亚洲主要航展的举办时间作横向比较,又从上海9月份的平均气温、月降水量、月日照时数、文化节事、长假旅游、飞行条件等诸多方面加以论证,显示了作者思考问题的全面性、多向性和严密性,值得学习借鉴。

第二章　会展推广方案写作

会展的推广离不开广告、宣传和媒体,本章主要介绍与会展推广有关的宣传方案写作、媒体方案、广告文案和推广进度安排共四部分内容。

第一节　会展宣传推广方案

会展宣传一般包括招展宣传和招商宣传,招展宣传推广和招商宣传推广可以独立进行,也可以包含在会展整体宣传推广计划中。在展览业的实际操作中,会展招展宣传推广和会展招商宣传推广常常是按实际需要分别做计划,然后再与会展整体宣传推广进行综合协调,最后融入会展整体宣传推广计划里统一实施。会展宣传推广计划是会展的整体宣传推广计划,它是会展策划和营销工作中的一个重要环节,对会展活动起着十分重要的作用。

一、会展宣传推广的特点

会展宣传推广工作是会展的指向和引导,它影响着会展的方方面面,很多客户就是通过会展宣传推广才走进了会展的大门。由于会展宣传推广的重要性,所以在很多会展上,办展机构都会指定专门的人员来负责会展的宣传推广工作。可以说会展宣传推广是一项复杂的工作,它所涵盖的任务多,工作量大。而要做好会展宣传,首先得了解它的特点。

一般来说,会展宣传推广具有以下一些特点:

1. 全面性。不同于会展招展宣传推广和会展招商宣传推广,会展宣传推广的任务是多方面的,它服务于整个会展活动,是一种全面的宣传推广工作。会展宣传推广的任务主要有促进会展招展、促进会展招商、建立会展的良好形象和创造会展竞争优势、会展筹备、协助业务代表和代理机构顺利展开工作、指导内部员工如何对待客户等六个方面。会展宣传推广要处处注意会展的全局和整体利益,不能因为要实现其中的某一个目标而妨碍其他目标的实现。

2. 阶段性。会展宣传推广的六个任务不是同时实现的,也不是在某一个时间段里集中实现的,它们是随着会展筹备工作的进展和会展的实际需要而分步骤和分阶段逐步实现的。所以,会展宣传的阶段性很强,会展发展到什么阶段就进行什么样的宣传推广工作,任务十分清晰和明确。

3.计划性。会展宣传推广的任务多,阶段性强。这就要求在会展一开始筹备时就必须认真规划好会展的宣传推广工作,照顾到会展筹备工作各方面对宣传推广的需要,给会展筹备工作以强有力的全方位的支持。

4.协作性。会展宣传推广是一种多媒体多渠道的宣传推广工作。各媒体和渠道的宣传推广安排,要求时间上要协调,口径上要统一,内容上要各有侧重,效果上要互相补充。只有各媒体各渠道协作一致,会展宣传推广对会展发展的促进作用才最明显。

5.服务性。展览本质上是一种服务。会展只是各种会展服务的一个有形载体,如果抛开服务,会展本身对参展商和观众来说并无多大的意义。参展商和观众之所以要参加会展,是因为他们想得到会展提供的各种服务,如贸易成交、信息、展示等,如果他们享受不到这些服务,会展对参展商和观众来说就形同虚设。正是有了这些服务,会展才成为会展,企业才来参展,观众才来参观。所以,从本质上看,会展宣传推广是在宣传和推广会展的各种服务。

二、会展宣传推广的方式

会展宣传推广往往是将会展的招展宣传推广和招商宣传推广纳入会展宣传推广计划中,由负责宣传推广的部门来统一制定和实施。在会展活动过程中,会展各展位的营销活动在促进会展招展的同时也在宣传和推广会展。一般而言,通过刊登会展招展广告、进行网站宣传等方式,使接触到招展广告或点击网站宣传资料的受众了解相关的会展活动。所以,会展招展招商和会展宣传推广是直接相关联的。按会展宣传推广的方式,会展推广主要包括:

1.新闻发布会。挖掘出会展的新闻价值,例如新车展就可以用清洁动力减少雾霾为新闻点,提高大众的关注度和办展价值。发掘出新闻价值之后应根据情况适时召开发布会,发布会可在会展之前召开,也可在会展中期或会展结束后召开。开幕之前的发布会以宣传为主,中期发布会以邀请记者进行现场采访为主,闭幕后的发布会以总结为主,也是为下次会展活动打好基础。

2.会展报道。有关会展活动的消息、报道、特写以及相关图片和评论等,人们可以在专业报刊杂志、网站、广播电视等媒体上看到。这类报道可算是一种隐形的广告,它在不经意间传达信息并易于被大众所接受。见诸媒体的会展报道大都是由会展主办人员撰写,也有的是记者或专业人士撰写,发表这类文章一般免费或费用较低,但效果较好。

3.发布广告。会展可发布广告的地方很多,例如专业报刊杂志、大众媒体、网站户外媒介(如户外广告牌、交通工具等)、包装媒介等上面都可进行广告发布。无论通过何种渠道发布广告,都要遵循广告的基本要素,比如要有明确、突出的广告主题设计,要突出广告产品的优点,并对消费对象做出一定承诺;广告标题要富有创意,体现新颖独特;广告口号要响亮有力,平面广告的正文最好图文并茂,生动具体,媒体广告最好既富有新意又合乎情理、耐人寻味。

4. 直接邮寄。直接邮寄是会展宣传推广常用的方式之一,办展机构将会展宣传单、会展说明、观众邀请函等各种会展宣传资料直接邮寄给客户。这一方式有很强的针对性,有较高的效率和明显的效果。

5. 公共关系。会展活动是参展商塑造形象、寻求商机的活动,是与公众进行信息交流从而感知需求,从感知需求进而了解市场,从了解市场进而完成交易的过程。它既是一个立体化的平台,也是一种多功能的营销手段,展商与公众双方在此实现了全方位、多方面的互动与沟通,使得产品的推介与销售、服务的推行与接受得以完成。因此,会展组织者要正确理解这几方的角色与关系,处理好与职能部门、专业机构、参展商、观众以及媒体的关系。有时在展览期间举办的各种活动如会议、比赛等也都是一种公关行为,会对协调好各方关系起到积极的作用。

6. 全面推广。一是面向国内外的办展机构、各行业协会和商会的推广。一些大型的国际展览会还面向国际组织、外国驻华机构、政府主管部门和合作机构进行形式多样的推广活动。也可在国内外各种同类会展上做宣传推广活动。二是会展有关工作人员对相关机构和重要客户的直接拜访,也可用电话、传真和 E-mail 等间接手段联络。这种推广方式能很好地联络与客户的感情,倾听客户的声音,也最能够和客户进行一对一的直接沟通。三是将宣传推广活动按照媒体和渠道的不同,分别制定各种具体执行计划,比如平面媒体推广计划,电台电视台媒体推广计划,网络、手机等新媒体推广计划等等。

三、会展宣传推广方案的内容

(1)导言。可就会展举办的时代背景和行业发展情况做一简单介绍,使公众对会展有一个整体的认识。

(2)安排。对会展的时间、地点、主题等情况进行详尽的交代和说明。

(3)机构设置。由谁主办、谁承办。具体的会展组织机构的组成等。

(4)宣传的要求、计划及形式。包括宣传要达到的目的,预期的效果;宣传的步骤阶段;所要举办的活动以及宣传将采用的主要手段形式等等。

示例 2-1-1

2011 首届杭州时尚创意家居展览会宣传策划方案

一、前言

随着社会经济水平的不断提高,人们已经不再只满足于温饱了,更多开始注重生活的品味,更加追求时尚、注重品质、崇尚个性。这意味着时尚创意家居行业成为了人们生活达到小康水平后蓬勃发展的一个新行业,代表着时代的精神和人们的生活观念的转变。因此,业界普遍认为,可以在本次时尚创意家居展览会中通过整合各类资源,协调商家、家装公司、消费者之间关系,开拓出一条崭新、便利的销售渠道。

二、总体思路

(1)会展目的:围绕会展宣传主题,展开系列活动,吸收传统元素,混合现代气息,打造别具一格的会展。本次以时尚创意为主题的家居展览会开创新的会展形式,跻身到主流会展主题中去,让更多的媒体、商户、客户、公众了解和关注我们的展览会成了至为首要的一大目标,也是为了下届的举办走好关键的一步。

(2)会展主题:"低碳、时尚、创意、爱你、爱家、爱生活"的宣传主题

(3)会展地点:中国杭州市和平国际会展中心

(4)布展时间:2011 年 9 月 27 日至 2011 年 9 月 30 日

(5)展销时间:2011 年 10 月 1 日 8:30 中国杭州时尚创意家居展销会开幕式

2011 年 10 月 1 日至 2011 年 10 月 8 日为正式展销时间

(6)撤展时间:2011 年 10 月 8 日 18:00

三、组织机构

杭州时尚创意家居展销会由中国商业联合会、杭州市人民政府主办,国家国内贸易局商业发展中心和杭州市对外贸易经济合作局联合承办。展销会组委会设立秘书处统一协调工作,秘书处下设广告招商、招展部、布展搭建部、新闻部、财务部、后勤部、接待部等。

四、宣传形式

本次杭州时尚创意家居展销会宣传活动共分三个阶段,即展前、展中和展后。通过媒体宣传、户外推广和网络联盟三个途径,以宣传册、专题片、报纸、电视、广播、灯箱广告、大型海报等形式全面宣传首届杭州时尚创意家居展览会。

五、宣传安排

(一)展前宣传

1.报刊平面媒体:较大版面的硬性广告在《时尚家居》、《瑞丽家居》、《雅居》、《现代装饰》、《厨卫商情》、《Elle Decoration 住宅装饰》等权威专业杂志发布招展招商广告;

2.网络媒体:在网易、新浪、搜房网、慧聪等网站宣传推广并建立杭州时尚创意家居专题网站;

3.电视电台:浙江卫视、杭州台,浙江、杭州广播电台做告示性广告宣传;

4.宣传册:向各有关区县,市内外有关单位、企业以及针对性较强人员邮寄或投放宣传手册;

5.户外:联合百货商场、专业家居用品零售业,车体广告、路牌广告、户外LED广告、灯杆旗、小区条幅进行标示性宣传;

6.短信宣传:我们将在展前以短信形式告知家居展时间、地点,邀请潜在观众参观会展,扩大会展的知名度及影响力。

(二)展中宣传

1.网络媒体:网易、新浪、搜房网、慧聪等网站宣传时尚创意家居展销会开幕式等新闻;

2.电视电台:邀请各大电视媒体报道展销会开幕式盛况及各项活动的进展状况,适时跟踪报道;

3.报纸杂志:全面进行时尚创意家居展销会的新闻报道、专题宣传、广告宣传;

4.站牌灯箱广告:在杭城主要车站上设置有关时尚创意家居展销会内容站牌灯箱广告。

(三)展后宣传

杭州时尚创意家居展销会结束后,邀请《浙江日报》、《杭州日报》、杭州电视台等主流强势媒体对首届会展进行总结性宣传报道。

六、宣传要求

1.宣传册要求完整、鲜明地向受众传达活动的意义,活动的主要内容,活动中需要受众参与什么,如何参与等信息。宣传册设计高雅、精致,凸显本会展文化特色,成为最能完整地表达活动内容、意义的宣传载体。

2.户外广告(海报、灯箱、大型广告牌等)简洁、直接的传播途径,具覆盖性、针对性等特点,户外广告主要强化宣传活动的主题。将其列为重要传播载体。

3.电视电台要求制作家居展览会广告短片和专题宣传片,以电视、电台的及时性、鲜活性的特点,直接突出时尚创意家居展销会活动亮点,引起受众更大的注意。

4.报纸杂志传播内容分为三类,一类是新闻,对活动新闻进行报道;二类是软文,对活动部分内容进行专题报道;三类是硬广告,直接诉求活动主题、时间、地点等信息。

5.网络媒体要以建设时尚创意家居展销会专题网站为契机,加强与网易、新浪、搜房网、慧聪等网站的合作,积极推动网络宣传平台建设。

通过宣传,全面展示时尚创意家居行业近年来的成果及发展水平,全力打造国际时尚创意家居品牌会展。

分析

这份宣传文案思路清楚,主题鲜明,层次清晰,行文干练利落,具有较强的实操性和指导性。文案有三大亮点:(1)组织机构健全,承办单位成立联合组委会,设会展秘书处及各归口部门,为会展的成功举办奠定了组织基础。(2)宣传形式多样,通过媒体宣传、户外推广和网络联盟三个途径,采取了宣传册、专题片、报纸、电视、广播、灯箱广告、大型海报多种形式,为会展的宣传推广提供有力保证。(3)突出宣传这一环节,宣传安排和要求围绕展前、展中、展后进行策划布置,体现了宣传文案阶段性、针对性和完整性的特点。

第二节 媒体策略方案

会展的运作要受到多方因素的影响与制约,其中,制定有效的媒体策略,提高会展活动的知名度、美誉度,对会展业的发展至关重要。而媒体策略是否有效,即能否有效地与大众传播媒介沟通并与之保持良好的关系就非常关键,因为这将在很大程度上决定着会展活动能否充分利用传媒资源为其服务,能否取得会展活动的最终效果。

一、媒体的特点

传统媒体经过多年的发展,形成了自己的特点。新兴媒体作为近年来媒体阵营中的新势力得以迅速崛起,它呈现出与传统媒体不同的特点。了解媒体包括传统媒体和新兴媒体的特点,是做好媒体策划的前提,下面我们分别来谈。

1.传统媒体

电视、广播、报刊杂志是信息传播最常用的媒体,习惯上被称为传统媒体。其特点如下:

(1)权威性

传统媒体无论是电台、电视台、报社还是杂志社,都是一级正规单位,有完整的组织机构,从业人员都是职业化的媒体工作者,能够把握传播事业的本质和内在规律。传统媒体有良好的自我把关传统,形成了成熟的阅评制度,报道的事后追惩制度也较健全,他们所采编播发的信息也是经过国家宣传部门审查,符合法律法规和政策要求的,其内容在很大程度上体现政府的意志,发挥着舆论导向的作用,兼具教育大众的功能。多年来,传统媒体已发展出成熟的传播理念,能够相对自觉地遵守职业和社会规范。由于以上原因,传统媒体报道的内容在受众眼里就具有不容置疑的权威性。

(2)严肃性

传统媒体分担了更多的社会责任感,在宣扬真善美的同时也关注假丑恶。无论正面还是负面,传统媒体在做报道时,秉持真实、客观、中立原则,语言规范,态度严肃,它传播信息的出发点是站在公义和良知的立场上,注重发挥媒体的宣传和教育作用,虽然近些年来,受娱乐化风气的影响,传统媒体也不再总是板起面孔的样子,但是严肃性仍然是传统媒体很重要的特点,它在新闻报道、信息传播、文化建设中发挥着正面而稳定的作用,是国家、党和政府精神文明建设的主阵地。

(3)可信度高

正是由于传统媒体具有权威性和严肃性,才使得它具有较高的可信度,特别是对于时政、国际要闻、大型社会活动的报道;由于传统媒体的新闻来源可靠,采编规范,所以报道具有了极高的可信度。一般而言,关于经济社会生活中的政策调整、体制变革的消息,老百姓都是通过传统媒体来了解的,所以传统媒体是老百姓了解国内大事和国际要闻的主要渠道。另一方面,据统计,人们对媒体可信度的评价与他们的媒体接触频度有很大关系,人们一般认为他们喜欢的媒体是最可信的。综合各个年龄段来说,传统媒体仍然是人们最常使用、最喜欢的媒体。大量的研究都显示,电视作为人们最为依赖的信息源被认为是最可信的。

(4)针对性

不同的电台、电视台、报刊杂志大多在内容上做了划分,分节目分专栏,面向特定受众,有较强的针对性。例如中央电视台共分了综合、财经、综艺、中文国际、体育、电影、农业军事、电视剧、纪录、科学教育、戏曲、法制、新闻、少儿、音乐15个频道,观众可根据爱好和需要进行选择,进而形成特定的受众群。再如随着汽车的普及,针对驾车者的需要,各地交通电台发展很快,很受欢迎。所以,针对性就体现在媒体培养了特定观众,特定观众又成就了各种媒体。

(5)系统性

传统媒体的节目和信息内容都具有自己的风格特色,这是在一个相对长的过程中逐渐形成和发展起来的,其所呈现的内容大都完整、系统,能够满足传统社会读者深阅读、慢阅读、泛阅读的要求。例如报纸上就一些社会热点问题所做的系列报道,就是通过多层次、多角度、长时段的连续报道,使读者能够对一个社会现象或热点问题形成更全面、更深入、更系统的认识。再如杂志,由于分期分栏目,它可以就某一国家或地区的人文自然景观,以图文并茂的形式分多期在其所设的旅游栏目中进行介绍,从而让人们对该国或地区的旅游资源有一个全面系统的认识。所以从可呈现的内容来看,传统媒体更具有系统性的特点。

2.新兴媒体

(1)互动

新兴媒体改变了传统媒体"一对多"(one to many)的传播方式,转而成为"多对多"(many to many)的对话形式,内容在媒体和用户之间双向传播,用户能够参与到信息的过程,形成了真正意义上的交流和互动。这种传播方式下,用户接受到的不再是单一的、不完整的信息，传播过程更加人性化，表现出新兴媒体浓厚的人文关怀。同时，这种对话形式的兴起，也拓宽了传统媒体的传播空间，使得传播方式更加多元化。

（2）公开

大部分的新兴媒体都没有或只有很低的进入门槛，用户免费使用新兴媒体发表评论、分享信息、交流互动，每个人都可以自由发表言论，任何言论也都有机会被大众关注和传播。这在一定程度上促进了社会信息的公开和透明，但也滋生了一些虚假、偏激、误传、片面的信息内容。新兴媒体模糊了媒体和受众之间的界限，激发了感兴趣的群体主动参与信息的贡献和反馈，用户作为信息的接受者、传播者，甚至是活动的发起者，能够更好地主动地参与到信息传播的过程中，在公开自由的环境中表达自己的观点，表达作为用户对某些商品和服务的体验。

（3）高效

一般情况下，传统媒体由于其信息采用播出形式，内容由媒体向受众单方面流动，常常需要几天、几周、几个月的制作时间，有限的反馈则需要更多的时间。而新兴媒体因为更倾向轻薄短小的图文发布，所以制作时间减少至一天、几小时、几分钟。另一方面，由于网络技术的迅猛发展和移动终端的广泛普及，用户几乎可以随时随地发布状态、浏览和传播信息，使得信息的传递更加实时、高效。

（4）社区化

使用新兴媒体，对某一主题感兴趣的用户可以自主贡献信息，发起相关活动，以此吸引更多"志同道合"的用户群体参与反馈交流。人们迅速聚集，很快地形成一个个以美食、摄影、追星等共同兴趣为主题的社区，彼此进行充分的交流与互动。美国学者唐·泰普斯特在《数字化成长——网络时代的成长》一书中指出，"virtual community"的意义在于"为网络衍生出来的社会群聚现象，也就是一定规模的人们，以充沛的感情进行某种程度的公开的讨论，在网络空间形成的个人关系网络"。随着交流的深入，这种线上的亲密关系还有可能延续到线下。

（5）连通性

新兴媒体具有强大的连通性，即通过链接和整合，将多种媒体融合到一起。从长远看，这种融合将有利于形成新闻信息的推送平台、海量资源的开放平台和移动媒体的出版平台，最终将制造商、运营商及服务提供商连为一体；将微博、微信、互联网、手机做无缝连接，从而跨越多市场领域和多个地域，让用户体会最佳的连接体验。

二、媒体在会展活动中的作用

媒体包括电视、广播、报纸、期刊杂志等传统媒体，也包括微博、博客、百度（维基）、播客、论坛、网络社区等新兴媒体。传统媒体的概念容易理解，而对作为一种新的传播形式的新兴媒体,很多人并不太熟悉。所谓新兴媒体是指参与性、交互性很强的公开开放的网络媒介平台,例如微博、微信、网上论坛、社区等等。概而言之,无论传统媒体还是新兴媒体,在会展活动中都主要起到宣传和反馈两大作用。一方面借助媒体扩大会展的认知度和曝光度,更好地开展品牌及产品的营销推广活动;另一方面可以更加方便准确地收集到客户反馈信息,管理完善会展组织与客户的关系。具体而言,媒体的作用主要表现在以下几个方面:

1. 提供信息发布平台

电视、广播、报纸、期刊杂志和新兴媒体都是信息发布的有效平台,通过在媒体上报道会展活动的相关信息,可以迅速引起社会大众的注意,起到很好的宣传作用。当然在信息爆炸的现代社会,生活节奏和信息更新速度日益加快,人们越来越没有耐心阅读大段文字,信息发布时要考虑到人们的这种需求特点,注意信息的长度,保证其简明性,若是在网络上还要做到更新及时。

会展活动可以利用媒体作为信息发布平台,传递产品和服务信息,充分发挥其易被接受和扩散的优点,广泛传播产品和服务信息,发掘潜在客户,形成有效的信息传递和营销推广。另外,会展组织也可以利用新兴媒体的实时性和连通性,在发布消息的同时加上链接,增加会展活动的曝光度,提升会展组织网站的浏览量。

2. 扩大影响力

媒体有助于会展组织树立和维护品牌形象,提升会展活动的知名度。特别是互联网通讯技术和手机的快速发展与普及,使得新兴媒体蓬勃兴起,由于在新兴媒体中用户参与传播和分享信息被充分鼓励,因此一则信息往往会经历一系列的连锁反应。客户在会展活动中获得美好的体验之后,往往乐于将自己所见所闻、所感所想与周围的人分享。而这种分享不是传统媒体广告生硬呆板的单方面信息传递,而是把身边值得信赖的亲朋好友作为第三方,给予真实体验的传达,往往使人更容易接受而不会产生怀疑和抵触心理。因此媒体是会展组织口碑传播、扩大影响力的一个有效途径,能够为会展组织树立品牌形象,提升会展组织的知名度。

当然,由于媒体特别是新兴媒体的扩大效应,其负面影响也是必然存在的。一旦会展组织的产品、服务等方面稍有疏忽,就有可能经过新兴媒体的扩大效应引起"围观",对会展品牌及活动的声誉造成破坏。这就要求会展组织在将媒体为我所用的同时,严格要求和规范自身产品和服务,避免"一着不慎满盘皆输"的情况发生。

3. 获得真实反馈,有利于客户关系的管理完善

在传统媒体中,会展组织通过满意度调查、投诉处理等方式获取客户反馈,但与客户的互动很难进行,反馈渠道单一,所获得的信息真实性有较大局限。在新兴媒体中,由于具备良好的互动共享性,会展组织就可以利用这个,更加及时真实地获得客户反馈。两者配合使用,就能了解客户的真实需求和预期、解答客户的问题

和疑虑、评估产品和服务的经验教训,从而把与客户的关系维系好、管理好。

4.及时进行危机管理

会展组织在运营过程中无法避免会遇到突发危机事件,在如今网络技术迅猛发展、移动终端广泛普及的形势下,负面消息一经发布,往往以病毒式的速度迅速传播。面对危机,会展组织不能采取躲避、掩盖的态度,因为在现代媒体传播体制下,信息被前所未有地透明化、公开化,躲避掩盖只会欲盖弥彰,使事态雪上加霜,使自己陷于不义,使不利消息的影响面进一步扩大、甚至引发种种谣言。当出现突发危机事件后,会展组织应利用电视、广播、网站第一时间向公众披露真相,解释原因,只有不回避、不掩盖、实事求是面对危机和困难,才能争取公众的谅解与支持,也才能及时有效地化解危机,变被动为主动。

媒体,尤其是新兴媒体,因其实时性、亲和力和日益强大的影响力,能够很好地适应会展组织在应对危机事件时真诚沟通、把握时机的要求。同时,会展组织可利用各种媒体迅速对事件进行反应和追踪,从而掌握对外发布信息的主动权和对事件的控制权。

三、媒体策略方案

会展媒体策略就是作为传播主体的会展运营组织为了实现会展目标,针对媒体所做的设计和策划。媒体策略的意义在于更好地发挥媒体在会展活动中的作用,促进会展目标的实现。在一个会展中,新闻媒体的地位非常特殊,它扮演着双重角色。一方面媒体组织本身是会展外部公众,对会展信息有着客观需求;另一方面,媒体组织也是向社会公众广泛传播会展信息,影响公众对会展活动态度及行为的重要中介。良好的媒体关系不仅可以帮助会展运营组织有效地传播会展信息,扩大会展活动的社会影响,还能够在遭遇危机事件时尽量提供正面信息,减少负面信息的不良影响,为会展组织挽回声誉,减少损失。总之,对会展运营商而言,制定积极的媒体策略,可以加速会展资讯传播,扩大执行项目宣传,提高会展企业知名度和声誉,从而吸引更多的知名企业参展,促进自身与知名企业合作,使会展运营商和参展商最大程度地实现"双赢"。因此,协调和维护媒体关系,最大程度地利用新闻媒体为会展活动服务,是现代会展业良性发展的重要条件。

会展媒体策略作为会展运营的重要环节,涉及会展媒体前期策划、媒体策略中期实施和媒体策略后期评价三个方面。

1.会展媒体前期策划

会展媒体前期策划是指在会展活动开始之前,会展工作人员在充分调查研究的基础上对媒体活动进行整体的谋划和设计,并完成前期的准备工作。前期策划工作主要包括:媒体资料准备、媒体对象选择与使用、设立媒体服务以及会展宣传推广机构。

(1)媒体资料准备。对媒体机构和媒体工作人员的资料进行精心的分类整理,有助于提高交流沟通的效率,同时也为会展的再次举行打下良好的基础。媒体关系资料库应包括媒体机构分类目录、媒体机构内部主要人员资料及通讯录、媒体人员参与会展宣传的历史资料等。对媒体关系资料库应经常性检查、补充、更新,以确保资料库的准确性和时效性。

(2)媒体对象选择与使用。根据会展的内容与性质选择最合适的大众媒体,并充分研究目标媒体的特点,以便最大程度地满足会展的要求。一般来说,会展内容针对年轻人的,媒体的选择主要考虑新兴媒体;如果会展内容是针对中老年人的,媒体的选择主要考虑传统媒体。选择媒体主要看媒体的面向对象,如果媒体的对象是展出者的目标观众,那这媒体便是合适的。如果是消费性质的展出,可以选择大众传媒,包括大众报刊、电视、电台,人流集中地的招贴、旗帜等;如果是专业性质的贸易展出,就要选择使用生产和流通领域里针对目标观众的专业媒体,包括专业报刊、内部刊物、展览刊物等。现对媒体对象的选择与使用作一比较分析:

1)大众媒体选择

大众媒体面向大多数人,覆盖面大,影响力是其他媒体所不能及的,当然费用也是最高的。

a.电视。电视是覆盖面最广的媒体,其主体对象是广大普通观众,因此,消费性质的展出可以使用电视。另外,普通观众一般不会长途跋涉参观展览,因此,没有必要使用国际或国家电视台,使用地方电视台即可。由于现在电视频道太多,除新闻时段、专业频道和特色栏目以外,难以锁定观众群,所以需要广告有一定的密集度轮播。又由于电视费用通常很高,使用电视做广告的多是展览会的组织者和大的展出者,中小展出者使用电视做广告的情况并不多。

b.电台。现在使用收音机的人很少,一般在车上收听电台的情况比较普遍。车辆中除运营车辆外全天在开的车不多,上下班时段是电台收听高峰期,所以投放时段是要重点考虑的因素。

c.网络。由于计算机网络的快速发展,在国际互联网上做主页、登广告的情况越来越普遍。利用计算机网络做广告的费用相当低廉,覆盖面却非常广,前景看好。但计算机网络广告也有弱点:一是网络信息太多,人称"信息的海洋",信息被淹没的可能性很大;二是当前中国网民呈年轻化特点,大多数年轻人事业尚未成功,消费水平不高,展出的产品或服务或许超出了他们的消费能力。如果目标客户不是针对年轻网民,那广告的效果就要打折扣;三是有调查显示,权力越大的目标观众,使用计算机的可能性越小,因此最重要的目标观众不一定能通过网络获得信息。

d.综合性报刊。综合性报刊是向广大消费者传达信息的理想途径,但是费用一般也很高,只适合于展览会的组织者和生产销售消费品的大公司。针对消费者的广告一定要注重质量,因为现在的消费者经常处于广告轰炸之下,不精美、无新意、少特性的广告不容易引起消费者的注意。

e.报纸。如今全国性和地方性的报纸很多,针对终端消费者的会展广告,地方性报纸较有优势;而针对经销商这一群体的会展广告,则是全国性的行业报纸有优势。而且在所选择的报纸中,哪个版面的读者最多,哪些版面的读者更可能成为会展的潜在客户等问题,也需要考虑在内。

2)专业媒体选择

专业媒体是指生产、流通领域的专业报纸和杂志,它是贸易展出者做广告的主要选择。

a.专业报刊。专业报刊瞄准特定的读者群体,如果与展出者的目标观众一致,就可以选择刊登广告,效果应当很好,而且费用比大众媒体低。专业报刊有时会作为专业贸易展览会的组织者之一,在这类报刊上刊登广告效果也很好。但是,并不是所有专业报刊都有同样的广告效果,某一专业领域往往会有数家报刊,如果预算有限,就要选择影响最大的专业报刊刊登广告,如果预算充足,可以选择几家刊登广告。客户可能阅读数种刊物,交叉使用行业内的不同刊物刊登广告可以加深客户印象。

b.内部刊物。内部刊物是政府有关部门、贸促机构、工商会、行业协会等内部发行的报纸、杂志。发行对象多是特定的专业读者,适合展出者刊登广告。在内部刊物上刊登广告的优点是读者专、收费低、效果好。缺点是覆盖面往往不够理想。如果展出者与内部刊物有长期合作关系,可以在做广告的同时安排新闻性质的报道,以增强宣传的可信性。

c.展览会专刊。有些报刊为展览会编印专刊,可以利用专刊做新闻宣传并刊登整版广告。专刊的读者对象是对展览会有兴趣的人士,广告收费一般也低于正常版面,因此,是值得考虑的方式。但据一些专业人士的经验判断,展览会专刊效果常常不好,展出者要认真选择使用。尤其是对地方报刊和知名度不高的报刊所做的展览会专刊要持慎重态度,那些主要报刊的展览会专刊可信度比较高一些。

3)户外广告方式的选择

户外广告成本相对较低,效果却不错。因为它能够制造一种氛围,使人感受到展览会的宣传攻势。

a.海报。海报或称招贴,是广告的一种形式。海报一般难以瞄准某一行业的人员,因此比较适合面向大众的宣传,适合宣传消费性质的展出。如果有专业人员积聚地区,在该地区张贴海报,可以做专业宣传。张贴海报要注意时间、地点等管理规定和手续。海报多由展览会组织者或大公司使用,从机场、车站、市中心沿路一直贴到展览会场甚至展台。

b.广告牌。广告牌是广告的一种形式。广告牌分场外广告牌和场内广告牌。

场外的广告牌主要用于吸引、激发参观兴趣,场内的广告牌主要作用不是推销而是吸引观众参观展台。有些专家建议使用一个大广告牌吸引观众的注意和兴趣,使用多个小广告牌引导观众走向展台。如果这些广告牌能引导参观者形成流向就更理想。关于广告牌的作用有不同的观点,有一些人认为作用不大,除非大批量地使用,造成铺天盖地的声势,少量使用则效果一般不好,不如不用。

c.广告条幅。国内的展览会组织者似乎喜欢使用数量众多、颜色缤纷的广告条幅悬挂在展馆建筑物上,花花绿绿的广告条幅可以制造出热闹的气氛。在展馆内从顶部悬挂到展台上的广告条幅或者矗立在展台之上的广告牌,对已步入展馆的参观者,则是吸引其注意力并引导其走向展台的一种好方式。在展览会场使用很多广告条幅的做法可能是中国的特色。

总之,不论是海报、广告牌或条幅,这些户外广告投放要注意有效分布。不能集中在某处或某一条道路上,尤其是当展馆地处偏远时,不能只集中在展馆周围,分散分布在各路口地段才好,因为这样可以让更多人看到。

4)其他的广告方式

使用报刊广告的一种选择方案是夹页,即在展览会前夕,在重点刊物中设广告夹页。其优势是:夹页往往比正页更能吸引注意,可以刊登丰富的信息和照片,印刷质量也容易控制,而印刷质量会给人留下印象。夹页广告上可以印有参观邀请,参观者可以剪下使用。室外广告的手段有横幅、彩球等很多种,甚至有展出者租用飞机拖上横幅在展览会所在地上空飞来飞去。这些方式一般适用于针对公众的消费品展览会或大型庙会。

另一方面,作为媒体自有一种新闻敏感,媒体工作人员也会主动寻找线索并根据自己的需要来进行报道。因此作为会展方还应该熟悉目标媒体的编辑意图,配合媒体工作进度,提供他们所不能获取的新闻素材,关注和了解媒体喜欢采用的新闻种类,为媒体人员开展工作创造良好的条件。

(3)设立媒体服务机构。有条件的可以考虑筹备会展新闻中心,包括设立现场新闻中心站和设立网络在线新闻中心。现场新闻中心是在会展现场开辟的专供媒体参加新闻发布会、采访、发稿的场所,应配备电脑、传真机、写字台、纸笔等必要设施以及会展相关资料,以便工作人员与记者及时挖掘会展中具有新闻价值的消息,及时撰写发布新闻。在线新闻中心则是展前建立的专门网站,全面快捷地反映会展动态、提供会展资料、报道会展信息,并通过这一网站平台,为参加会展的各方媒体提供良好的服务。

(4)会展宣传推广。为搞好会展前期宣传工作,可以策划多种公关活动,其中与媒体关系密切的包括拍摄与会展相关的影像纪录片并在媒体上播放、通过媒体开展规模不一的志愿者招募工作、邀请媒体参观会展活动现场等等。筹备新闻发布会或记者招待会可以看做是会展开始前更为正式的一项公关活动,这里除了日程上的设计与安排之外,还要准备好媒体资料袋,一个完整的资料袋应包括:媒体发布材料或新闻稿、会展背景故事、现场发言稿或演讲稿、照片或图片、发布会流程说明及会展日程安排、出席人员资料等。

当然,会展前期宣传工作中最重要的莫过于广告的投放与造势了,前期宣传造势的硬广告投放能够塑造和推广品牌形象,拉动销售,甚至可以是一个很好的营销渠道。但把广告当做营销渠道来做是有前提的,那就是会展的产品或服务本身,以及会展的经营理念是以客户利益为中心的,广告只是把会展的好产品和服务的信息进行技术性传播。在这个前提下,去做广告才能真正达到会展前期宣传推广的目的。根据业界经验,做会展广告首先要对媒体或其他载体进行评估,这种评估可分为事前评估和事后评估,前者作为选择投放广告的依据,后者作为检验效果与修正做法的依据。前文"媒体对象的选择与使用"中已对大众媒体、专业媒体、户外及其他广告媒体做了分析,由于媒体和区域不同,组织者还要对媒体的评估深入到实际中去,不能完全照搬别人的现成结论。目前国内企业在对媒体进行评估或市场调查方面做得很少,普遍的做法是直接找所谓的强势媒体,在广告上产生媒体依赖症。而国外一些企业则十分注重这方面的评估,如德国纽伦堡会展公司就对全球主要媒体进行深入调查,形成一组数据,"以广告主每投资 1 元的广告成本所带来的营收进行分析,其中'网络'广告以每投资 1 元产生 63 元的营收位居冠首,其他依序为报纸 23 元、杂志 18 元、电视 10 元、直销 9 元,广播以 8 元居末"。这组数据对我们有很高的参考价值,但仅凭此数据去投放广告是很不够的。只有对媒体作出精准的评估后,才能决定广告的投放。特别对媒体的发行量或覆盖率的评估要有一定的客观数据,媒体也好吹牛,特别是广告代理商的宣传往往更离谱,总爱攻击他的同行。会展企业要靠自己去掌握数据,做法也简单,如对报纸在某地的发行量的调查,通过邮政部门、零售报摊、写字楼物业处、居民住宅小区物业处等地方的走访,就能对当地的报纸发行量进行大致的评估。

在媒体的强势程度方面,发行量最大或覆盖率最广的媒体固然最好,但这类媒体的费用也是最高。一般建议会展企业也要关注同类媒体中的次媒体,就是居第二、第三位的这类媒体,要看它们之间的差距多大,性价比的高低差距多少。一条好广告在次媒体的发布,因此效果强过一条垃圾广告是强势媒体的发布,这是会展企业投放广告的高难度高技术的要求。会展组织者千万不要有媒体依赖症,认为只要在最强势的媒体发布广告就高枕无忧了。

在中小会展企业的诸多宣传推广方式中,如广告、电话、活动、会议、网络等方式,客户的"生命周期"各有不同,广告客户的"生命周期"很短,通常是一周左右的时间,过后客户就不再对你的广告有兴趣了。因为这类客户关注媒体发布的资讯,而媒体资讯在不断更新中,新的资讯就可能再次吸引客户的注意力,影响客户之前的选择。因此,对广告客户的交易需要参展商线下的促销策略配合,尽量快速促成交易,也使会展广告投入得到参展商线下销售的回报。

广告投入的回报是许多会展企业都很在意的问题,特别是中小会展企业钱不多,业务开展不好,时时处在等米下锅或不怕业务多就怕没人找的境地,因此往往急于抓项目,急于扩大影响,急于拓宽渠道。渠道广开,成本自然增多,渠道没做精,企业负担就重。如一家会展企业在上海开发市场,聘用业务员最多时达到100人,而这些人上门联系商家和企业时反馈回来的信息都是:"客户说没听说过我们的公司",这家企业不得不解散这支庞大的队伍,并从中得到"企业成本最高的是养人"的教训。中小会展企业在诸多的促销渠道中,按投入与产出比计算,广告营销渠道的成本远低于养 5 个以上业务员的成本,关键是你的广告内容以及媒体选择是否精准有效。

广告本来就不是商业企业的专利,只是在做法上有所不同,商业企业线下布局范围广,它的广告策略可以是"推广品牌拉动销售",而会展企业线下布局不足,广告策略就应该是"广告直接带动项目,靠项目培育品牌"。会展企业通过对媒体的精准评估,对策划好的广告进行精准投放,这样完全可以把广告做成促销渠道,最终形成并拥有一批企业会展项目,为会展公司的生存和发展打好基础。

2.媒体策略中期实施

媒体策略中期实施是指会展活动举行期间,会展工作人员进一步执行具体的媒体策略,以实现会展传播的目标。配合媒体现场报道,策划组织相关活动以吸引媒体关注以及制造媒介事件,都是会展媒体活动中较常采用的策略。

媒体现场报道通常是会展方授权多家大型媒体进行报道,会展组织人员主要的工作是向媒体提供他们感兴趣的素材。无论是大型会议还是展览,包括一些知名度较高的大型节事活动,一般都会采取立体传播。根据不同媒体的特点和兴趣,向他们提供有价值的信息,在媒体上争取最高的曝光率,从而在全社会范围内吸引公众的眼球,是这一阶段媒体公关的重要内容。

策划组织活动,与会展同时同地举办技术交流会、专业研讨会、产品发布会、行业会议及其他比赛或表演活动对于提高会展的"含金量"具有举足轻重的作用,但又不能"画蛇添足"或者"喧宾夺主",所以,相关活动如何策划,使其与会展本身起到相得益彰的作用至关重要。国外高水平会展尤其注意相关活动的策划,具备如下几个特点:活动的专业性及论题的前瞻性;活动主持者在业内具有权威性;活动在时间上精心安排,避免"撞车"或影响会展本身的进行;活动注意趣味性及互动参与性。会展过程中同时举办的比赛或者具有娱乐性质的活动,如策划得当,可以为会展带来人气和树立良好声誉,特别是组织一日体验活动、有奖征文活动、纪实摄影比赛等等,都不失为吸引公众与媒体的好办法。例如,在北京农业嘉年华上,主办方举行了以农事体验和农产品品尝为主的一日参与活动,以"科技农业"为主题的农产品展示推广活动,以"绿色农业"为主题的农产品消费论坛,还在北京电视台进行了《生态农业之旅》的电视展播,这些活动都有效地吸引了观众,扩大了会展的影响。德国杜塞尔多夫曾举办过一次国际水上运动及船艇展,作为会展的战略合作伙伴,德国 LTU 航空公司将其公司成立 50 周年的庆祝活动安排在展场同期举行。利用杜塞尔多夫展览中心,为观众提供了从旅游目的地推介、公司业务推介到各项室内体育活动等多项内容,另外,在展厅内部建造了沙滩足球场、水球比赛场,吸引了大批观众到场。该项活动主题与本次会展主题"体验水上激情"完全一致,该活动明显增强了会展的"含金量"。再如,在 2012 广州元旦漫展——萤火虫跨年动漫嘉年华期间,主办方举行了跨年 LIVE 动漫金曲大赛、VOCALOID(v 家)歌曲巡演、2012WCS 世界 COSPLAY 比赛、"我有知识我自豪"动漫问答、"元旦跨年倒数狂欢夜"等一系列令人眼花缭乱、吸引力十足的活动,通过这种形式,会展方不仅扩大了自身的影响力,同时也获得了更多和观众、媒体沟通的机会,大大促进了与各方良好的合作关系。

积极策划媒体介入,使媒体不仅成为会展的报道者,更成为会展活动的参与者,比单纯地邀请媒体进行新闻报道更加行之有效,也更易为媒体所接受。例如,在前文提到的 2012 广州元旦漫展——萤火虫跨年动漫嘉年华上,会展主办方策划的跨年 LIVE 动漫金曲大赛,就是在新年时分,与大家一起分享心中的爱,用歌声将感动带给每一位观众,一起期待美好的来年。VOCALOID(v 家)歌曲巡演是借助 V 家超高人气,带动跨年之夜动漫气氛,VOCALOID 初音家族歌曲表演,让所有来到嘉年华的观众都能尽兴而归。而 2012WCS 世界 COSPLAY 比赛,更是吸引电玩和动漫迷们,WCS 是由日本爱知电视台发起主办的一项全球 COSPLAY 爱好者共同参与的国际赛事。自 2003 年 10 月第一次在日本名古屋举办以来,渐渐成为世界上最具国际影响力、国际参与性最强的赛事之一。比赛时还有来自海外的嘉宾担任现场评委,可谓国际大赛的派头十足,这一赛事吸引了包括网络媒体等多家媒体的参与和报道。最后的元旦跨年倒数狂欢夜,是萤火虫动漫嘉年华现场举办的跨年晚会,现场还安排了神秘嘉宾出席环节,并在新年钟声敲响的一刻,主办者、媒体和全场观众一起进行倒数,迎接新年的到来!这次动漫会展由于精心的策划和媒体的全面介入,最终达到了预期的目的,取得了成功。因此业界普遍认为,组织活动是增加公众参与度、吸引媒体报道兴趣的有效手段。

3.媒体策略后期评价

媒体策略后期评价是会展媒体策略中不可或缺的部分,是衡量会展媒体策划和执行策略是否行之有效的重要依据。从操作层面看,媒体策略的效果评估往往比广告效果评估更加困难。在国内即便是广告效果评估也很少有企业进行规范的操作,媒体策略效果评估更没有科学的体系来指导。在会展媒体活动中,衡量效果的最终标准应该是媒体的报道是否有利于会展的举办、是否促成了会展活动的经济行为、是否扩大了会展的社会影响等。根据这一普遍标准,业界认为会展媒体策略评价应该包含确立评价标准、进行评价分析、保留评价记录和运用评价结果。

(1)确立评价标准。关键是要建立由若干具体指标构成的媒体策略评价参照系,有了参照系才能通过比较来检测计划与实施的结果。在会展媒体策略评价中,可以通过这样一些具体的指标来进行衡量:媒体覆盖率、报道内容正负比、报道所占版面比、发行量、各界反应等等。具体地讲就是:新闻的覆盖率、目标受众到达率、新闻报道中正面报道与负面报道比、全面报道与摘要报道比、重点报道与一般报道比、报道的版面位置和播出时间的重要程度、媒体的层次与发行量的大小、网站的点击率、公众对会展的来电留言来信多少等等。通过对这些指标的调查统计与分析,一定程度上可以真实反映会展媒体策略的效果。

(2)媒体策略评价分析。评价标准一经确立,即可根据评价标准展开调查、统计、分析。这一过程通常是授权专业的调查公司加以实施,在条件成熟的前提下,会展工作人员也可自行完成。一般来说,可以选择一定数量的受众和媒体人员进行市场调查,采用问卷、表格等方式,征求他们对指定问题的意见、态度、倾向,再作出统计和说明,分析会展活动的效果。针对媒体的调查,可以从媒体的角度看会展方与媒体的沟通是否顺畅,会展方是否给媒体带来利益,是否能将所有活动、信息准确无误地传达给媒体等;针对受众,可以从是否通过媒体宣传知晓会展、通过哪些媒体知晓、哪种媒体对受众知晓影响最大等因素进行调查。

(3)保留评价记录和运用评价结果。调查评价完成之后,应保留评价结果并对评价结果加以运用。评价结果往往综合多种形式来体现,承前启后,可以促进会展计划的改进,使之更趋于科学化。同时还可为以后再做媒体计划提供借鉴。在评价结束之后,应保留所有资料的副本,如将新闻报道,展览报道和广告中与媒体交叉促销的文件副本、记录等归入档案;保留所有印刷品、录像带、音像品和其他媒体资料的副本;按时间先后保存所有出版物的副本,包括广告、促销材料、媒体工具箱、公开发布的新信息等。此外从长期合作的角度出发,可以将媒体的知名度、覆盖率和帮助会展活动达到的效果反馈给媒体,保持畅通的沟通渠道,实现会展组织与媒体的经验共享。

示例 2-2-1

"西安旅游"上海世界博览会宣传推广方案

一、推广目标

将西安旅游推广拔高到城市推广的高度,以上海世博会为契机,将西安打造成中国文化旅游第一品牌,形成"以西安为文化辐射中心,向上海会场一域以至向世界广域覆盖"的态势。

1.同上海形成城市推广同盟；

2.同世博会参展城市相关对口部门达成深度合作；

3.最大限度引流世博会客流，为2011年世园会奠定扎实的客源基础；

4.在世界范围内宣传大遗址保护样本（曲江——大明宫一线）；

5.在世界范围内推广宣传西安的新型旅游产品。

二、推广背景

1.西安旅游市场目标客源高度集中

结合上海国际旅游市场和国内旅游市场的特点及发展趋势，从国际、国内和本市三个层面，预测2010年上海世博会游客总人数将在7200万左右。其中，国内游客5850万左右，上海本地游客1100万左右。

2.世博会涵盖了西安旅游市场主要客源地，宣传意义不容忽视

国际社会对2010年上海世博会响应积极，国际参展工作取得了显著成效，目前已有168个国家和国际组织确认参展上海世博会，其中有149个国家、19个国际组织。

3.2011年，世园会在西安召开

2011年世园会是西安旅游从主导产业上升为先导产业的重大契机。

三、效果预期

在上海世博会上进行高效有序的营销活动，对西安的整体旅游形象、城市形象进行包装推广，预期达成以下效果：

1.进一步提升西安作为国际知名旅游目的地的城市形象；

2.稳固国际大遗址保护样本的城市特色；

3.有效引流2010年上海世博会有效客源8%至2011年西安世园会，预计达到500万左右。人均消费500元来计算，实现收入25亿。

四、推广时限及地点

时间：2010年5月1日—10月31日

地点：上海世博会场及至上海市区

五、推广主体思路

整体推广思路以"一点、四线、八大活动"为核心。

通过"一个推广主题，四条推广主线，八大营销活动"全方位推广西安的旅游形象乃至城市文化形象。

六、对接口径

为切实做好此次活动的各项工作，拟成立西安旅游（上海世博会）宣传推广促进领导小组，并全面负责世博会期间宣传活动的各项组织、联络与实施工作。小组由西安市政府牵头，西安市旅游局、西安市文化局、西安市招商局组成，直接同上海世博局进行对接。

七、西安旅游宣传团构成

1. 西安市政府、市委宣传部

2. 西安市旅游局

3. 西安市文化局

4. 西安市招商局

5. 西安市主要旅行社

6. 西安市旅游宾馆

7. 西安市媒体

8. 西安市文艺演出队

八、推广主体(西安旅游)定位:(一点)

针对本次上海世博会重新对西安旅游形象进行有效的梳理、包装、定位,并充分考虑上海世博会受众人群心理,结合西安城市认知,定位口号如下:

华夏五千年,旅游在西安

一日千年,游在西安(备选)

九、整合形成新型旅游产品:(四线)

以周秦汉唐文化为文化主线,整合最具文化代表性旅游产品,形成立体式文化覆盖。

周文化旅游线:法门寺——钓鱼台——周公庙一线

秦文化旅游线:兵马俑——秦二世陵一线

汉文化旅游线:汉阳陵一线

唐文化旅游线:曲江景区——大明宫——华清池一线

十、推广策略:推广策略分为四阶段:看点—焦点—热点—沸点

1. 各个特色旅游景区景点建设及推广形成——看点;

2. 打造周秦汉唐文化特色旅游线路及旅游市场形成——焦点;

3. 通过在世博会上的宣传推广让西安旅游成为——热点;

4. 长久推广逐渐升温"中国文化旅游先导城市"的——沸点!

十一、推广手法:(八大活动)

1. 媒体集群平台

将上海——西安乃至全国热点媒体混搭成大规模媒体集群平台,对会展内受众形成全方位、立体化视听覆盖,最大限度放大社会效应。(中央电视台一套、中央电视台二套、凤凰卫视、东方卫视、陕西电视台、西安电视台、新民晚报、东方航空杂志、华商报、西安晚报、城市经济导报、和讯网、网易、腾讯中国)

2. 同上海主要旅行社组建旅游行业同盟

形成联盟并给予最大的政策支持,形成共赢产业链条。(上海中旅、上海春秋、上海锦江、上海航空、上海旅游集散中心等)

3. 新文化行为集中覆盖

（1）秦王盛事——上海市虹口体育场

内容：兵马俑动态组歌、烟火、皮影、秦腔、秦兵团方阵

（2）汉编钟音乐会——上海长宁国际体操中心

（3）唐·诗歌节——上海市中心黄浦江两岸及滨江地区

内容：即兴绝句诗展、碑林诗碑展、泥俑展、城市诗人酒会

（4）唐·演舞大典——黄浦江

内容：水幕电影、长恨歌

（5）法门讲法——东方卫视演播室

内容：法门寺住持学诚法师、印度释智顺法师讲法论道

（6）西安历史文化峰会——东方卫视演播室

人物：科特勒、段先念、金庸、余秋雨、贾平凹等

（7）持世博会门票可享受兵马俑门票 5 折优惠

（8）乘坐东航航班可在西安老孙家饭庄免费品尝羊肉泡馍

十二、媒体宣传排期

	2010 年 4 月	2010 年 5 月	2010 年 6 月	2010 年 7 月	2010 年 8 月	2010 年 9 月	2010 年 10 月
央视一套	10 秒整体硬广 每周一、四	10 秒秦硬广 每周三、日	10 秒唐硬广 每周二、六	10 秒汉硬广 每周一、四	10 秒周硬广 每周二、五	专题评论 每周五	专题评论 每周一
央视二套	10 秒整体硬广 每周二、六	10 秒唐硬广 每周一、四	10 秒汉硬广 每周二、日	10 秒秦硬广 每周三、日			
凤凰卫视	10 秒整体硬广 每周三、五	10 秒汉硬广 每周二、日	10 秒周硬广 每周一、四	10 秒唐硬广 每周一、四	30 分钟专题片 每周一	10 秒唐硬广 每周二、六	30 分钟转播 每周四
东方卫视	10 秒整体硬广 每周三、日	10 秒周硬广 每周一、四	10 秒秦硬广 每周三、日		30 分钟专题片 每周三		10 秒唐硬广 每周二、六
陕西电视台	10 秒整体硬广 每周六	专题评论 每周五	10 秒整体硬广 每周二、六	2 分钟采访			全程转播
西安电视台		每周一专题		每周一、三专题		专题片	

续表

	2010年4月	2010年5月	2010年6月	2010年7月	2010年8月	2010年9月	2010年10月
新民晚报	1/2整体硬广每周一	3000字报道每周一	1000字软文每周一		1/2硬广每周一	3000字报道每周一	
东方航空	1000字软文每期	1/2硬广每期		1000字软文每期		1/2硬广每期	
华商报	3000字报道（逢周日）		1/2硬广周一		1000字软文周一	3000字报道周一	
西安晚报		2000字社评周一	整版公告周一	2000字社评周一			6000字报道周一
城市经济导报	整版广告每期		1000字软文周一		3000字软文周一	整版广告每周	
和讯网	专区讨论		页面对联	页面对联		专区讨论	专区讨论
网易	页面对联	专区讨论	页面对联	页面对联	页头横幅		
腾讯中国	页头横幅	页头横幅		专区讨论	页头横幅	页头横幅	专区讨论
西安旅游网	页面对联	页面对联	页头横幅	页面对联	页头横幅	专区讨论	页面对联

附录 参与媒体概况

1. 中央电视台一套、二套

中国中央电视台是中华人民共和国国家电视台,英文简称 CCTV。是当今中国最具竞争力的主流媒体,具有传播新闻、社会教育、文化娱乐、信息服务等多种功能,是全国公众获取信息的主要渠道,也是中国了解世界、世界了解中国的重要窗口。

2. 凤凰卫视

广视角、大尺度、及时有效的凤凰卫视深得海内外华人喜爱。凤凰卫视以"拉近全球华人距离"为宗旨,全力为全世界华人提供高质素的华语电视节目。庞大的环球市场加上成功的扩展策略,令凤凰卫视得以发展为一家在国际社会享有盛誉的跨国多媒体集团。

3. 东方卫视

东方卫视(Dragon TV)是中国规模最大、最具影响力的卫星电视机构之一,

2003年10月23日开播,总部设在上海。作为上海文广新闻传媒集团(SMG)旗下的唯一卫星平台,东方卫视目前覆盖中国绝大多数城市地区,同时在北美、欧洲、日本、澳大利亚等海外地区落地。东方卫视是中国省级卫视中新闻播出量最大的频道,2004年和2005年,东方卫视连续两年当选中国最具投资价值媒体;2006年,东方卫视在首届中国品牌媒体高峰论坛上位居十强电视媒体第二,仅次于央视。

4.陕西电视台

陕西地区地方新闻主要载体。

5.西安电视台

西安地区地方新闻主要载体。

6.《新民晚报》

《新民晚报》是中共上海市委直接领导的面向广大市民的综合性报纸,以"宣传政策,传播知识,移风易俗,丰富生活"为编辑方针,着眼于"飞入寻常百姓家"。在内容上,力求可亲性、可近性、可信性、可读性。

《新民晚报》发行量和报业经济效益连续多年位居全国晚报之首。1996年,《新民晚报》在美国设立记者站、创办美国版,成为中国大陆第一张跨出国门的晚报;以后又扩大了《新民晚报》在北美地区、港澳地区的发行。2002年,《新民晚报》又与星岛报业集团合作,推出《新民晚报》澳洲专版,扩大了《新民晚报》在大洋洲地区的影响。

目前《新民晚报》日出32版,周五编辑出版近50个版,在京、渝、宁、杭等十几个城市开设分印点,在美国、加拿大以及港澳地区也能看到当天出版的《新民晚报》。

7.《东方航空》杂志

1988年创刊的《东方航空》杂志是经中华人民共和国新闻出版署批准公开发行的航机杂志(国内统一刊号CN31—1576),在中国东方航空国际国内航班上向中外旅客赠阅。《东方航空》为东航旅客在漫漫航程中的首选读物,在广大旅客中已确立高品位之深刻印象。全彩色中英文月刊,印刷极为精美。创刊21年,已发行180余期。每期发行量高达150 000本,年阅读量超过39 000 000人次。主要在中国东方航空公司国际、国内所有航班配发;在中国东方航空国内外营业部、办事处配发;在全国各大机场的中国东方航空公司航班头等舱、公务舱休息室亦有配发。

8.《华商报》

陕西地区发行量最大的报纸媒体。

9.《西安晚报》

陕西地区机关报。

10.《城市经济导报》

陕西地区唯一面向政、学、商界的经济类报媒,面向全省每周发行5万份。独特的经济视角,前瞻的经济言论,使其成为西安政经、财经、产经的风向标。

11. 和讯网

和讯(www. hexun. com)日独立访问用户超过 350 万,日页面浏览量超过 5000 万,是中国深受投资者和金融机构信赖、具有广泛市场影响力的中国财经网络领袖和中产阶级网络家园。

12. 网易

网易在门户网站业务方面保持市场领先地位。网易首页在中国门户网站中保持单一页面访问量第一的地位。在中国互联网协会发布的《INTERNET GUIDE 2007 中国互联网调查报告》显示,2007 年有近七成的网民访问了网易内容,用户年到达率达 66.6%。据艾瑞咨询公司网民连续行为研究系统最新数据显示:从 2007 年 1 月到 12 月,网易新闻资讯服务的月度有效浏览时间总量呈现持续快速增长,12 月份相比 1 月份增长 122%,份额从 1 月的 15% 增长到 12 月的 24%。

13. 腾讯中国

腾讯公司成立于 1998 年 11 月,是目前中国最大的互联网综合服务提供商之一,也是中国服务用户最多的互联网企业之一。

14. 西安旅游网

西安旅游业界官方网站,旅游业最新、最快、最准确的官方消息平台。

分析:

这份"'西安旅游'上海世界博览会宣传推广方案"是一份前期准备比较充分的媒体策略方案,考虑得很全面,首先,明确了会展的背景、目标、思路和预期效果,让读者对会展有一个整体的印象;其次,媒体的选择确定了 14 家大众传播机构并安排了档期,体现出地方政府对宣传工作的重视,这样的做法的确是宣传上的大投入和大手笔;再次,在组织方面成立了宣传团,统一了对接口径,使西安在世博会上的宣传活动有了明确主体;第四,在宣传推广方面,提出了"一个推广主题"和"四条推广主线",明确了宣传推广的步骤、阶段,这些为媒体策略方案的中期实施提供了有力的保障。中期实施方面明确了时间地点,组织实施了八大营销活动,使得宣传推广工作能真正落到实处。

这份媒体策略方案最大的特点是提出了"媒体集群平台"的概念,将上海——西安乃至全国热点媒体混搭成大规模媒体集群平台,该平台包括了中央电视台一套、中央电视台二套、凤凰卫视、东方卫视、陕西电视台、西安电视台、新民晚报、东方航空杂志、华商报、西安晚报、城市经济导报、和讯网、网易和腾讯中国等 11 家传统媒体和 3 家网络媒体,形成媒体传播集群效应,能对会展内受众形成全方位、立体化视听覆盖,最大限度地放大了会展的社会效应。

该方案的不足之处是没有做媒体策略的后期评估,应该对大规模多层次的媒体介入效果有一个评价对比,以便为以后的媒体策略方案积累有益的一手数据和操作经验。

总体来说,"'西安旅游'上海世界博览会宣传推广方案"是一份精心策划、考虑全面、安排有序且特点突出的媒体策略方案。

第三节 会展广告文案写作

一、会展广告

广告是商品生产者或销售者对商品的推介,是促销的手段之一。自从有了商品生产和交换,广告就随之出现了。世界上最早的广告是通过声音进行的,叫口头广告,又称叫卖广告,这是最原始、最简单的广告形式。

近代以来,随着会展业的兴起和发展,会展广告也应运而生了。所谓会展广告就是通过特定的媒介向公众介绍会展信息的宣传活动。现代会展广告不断发展,其种类也日益繁多,我们按投放方式和制作目的来对会展广告的种类作一简要的说明。

(一)会展广告的种类

1. 按会展广告的投放方式来划分:

(1)电话

直接打电话给重要目标客户,但要简短,打电话的目标是获得一个约会,约他来参加会展活动。也可以给最有可能成为客户的人打电话,把潜在的准客户变为现实客户,扩大会展的参与度与影响范围。电话应该控制在3分钟以内,首先要大概了解一下对方的需求,同时再重点介绍这次会展的与众不同之处,以便让对方对此次会展活动产生兴趣。当然电话只是一个敲门砖,更准确地讲,用电话的方式投放广告就是让目标客户知道有这样一个会展活动以及它的举办地点和时间。不管是对重要目标客户还是准客户,都可以运用这种手段有针对性地联系会展广告投放的目标对象。

(2)邮寄邀请函

邮寄邀请函给重要目标客户。作为会展企业平时应注意掌握客户的基本信息,并做好收集整理和存档工作。当有合适的会展项目举办时,可以根据已有的地址发出正式的邀请,请他们参展或观展。

(3)电子邮件

通过电子邮件联系已知E-mail的一般目标客户。重要客户用邀请函,一般客户就可用较为简易快捷的电子邮件了。对与会展项目相关的客户,采取群发的方式,传达会展活动的信息。

（4）电台电视台

利用电台电视台吸引潜在目标观众。现代人们的生活中电台已逐渐边缘化了，除了坐出租或开私家车时偶尔收听一下，平时基本不听广播，所以电台的听众数量非常有限，尽管人少但也是一块阵地。相比来说，电视的受众面就广阔很多，投放广告的影响力自然也要大。

（5）门票

对重要目标客户有计划地发送参观门票，与邀请函类似，赠送门票也是一种较为正式的邀请方式。

（6）建立相关会展网站

通过电话、短信、信函让潜在目标客户知道组展者的网站。网站上可以将一些简介、会展资料、活动、联系方式挂出，还可以设参展商、观展者中心、传媒中心以及展馆指南和展讯等等。

（7）公共场所

在室外公共场合，以户外广告进行广泛宣传，一般采用广告牌和条幅横幅的方式，主要见于公交、地铁、繁华地段和主要路口等。

（8）会展现场

通过会展现场的布置，例如放置悬空的气球标语、搭立充气拱门等，以开幕式活动安排、开幕广告等吸引观众。还应准备开幕背板，并在背板上写上会展名称，开放时间，会展的主办、承办、支持单位等办展单位的名称等。如果会展开幕现场有表演，还要按表演的需要布置好表演的场地。展厅内部的布置更要动动脑筋，怎么样布置最合理，最能方便观众。一般要布置好展馆、展区和展位分布平面图、各服务网点分布图、各参展企业及其展位号一览表、名录牌、会展简介牌、展区参观路线指示牌、会展相关活动告示牌等。会展现场布置的一些方便观众的指示一定要醒目，容易辨认。

2.按会展广告的制作目的来划分，主要有：

（1）招展招租广告

即以招徕参展者为主要目的的广告。例如：

第114届中国进出口商品交易会配套服务柜台招展广告

第114届中国进出口商品交易会（简称2013年秋季广交会）展期一届分三期，开幕时间为2013年10月15日，将于10月15日至11月4日在广州举行，每期展览时间5天，撤换展时间为3天。广交会三期都在广交会琶洲展馆举办。应广大国际采购商和国内参展商的要求，第114届中国进出口商品交易会将继续在展馆中央设置配套服务柜台，用于服务广大参展企业和采购商，提升本届广交会服务水平。

配套服务柜台位于广交会展馆中央,地处交通枢纽,是连接各分展馆的必经之路,展示效果突出。广交会期间既能与来自全世界 213 个国家和地区的 20 万国际采购商亲密接触,还可与国内 30 万参展商密切联系,商机无法估量。

展位使用时间、规格及价格:

使用时间:2013 年 10 月 15 日至 11 月 4 日

柜台规格:3 米(宽)×3 米(深)

柜台价格:50000 元/届(含 3 个工作人员证件)

使用对象:限物流、金融、咨询、认证、检验、酒店、培训、房地产等服务机构(除电子商务、软件、会展以外)

凡预订中央服务柜台的单位,均可以优惠预订《广交会商旅快讯》,并将服务单位指定为广交会酒店预订的重点单位。

联系人:×××

传真:×××××

邮编:×××××

(2)招商广告

即以销售会展期间的广告,寻求合作伙伴,宣传会展期间各项服务为目的的广告。一个招商广告必须拥有一定数量的读者观众,才可能产生预期的效果。想招商的会展企业一般都想在很短的几个月内建立自己的销售渠道,时间要求很紧,招商广告是招商工作很重要的一环,所以招商广告必须能够在极短的时间内吸引一定数量的圈内人士的眼球。广告既不能虚张声势,又不能平淡无味,毫无创意。根据目标参展商的心理,投其所好,使他们能够迅速地被广告所吸引。招商广告与产品广告不同,在媒体选择、界面设计上要有自己的独到之处。必须使广告的千人成本降到最低(所谓千人成本,就是每一千个广告观众所耗费的资源),如果该会展要求的专业性很强,则广告应该尽量多吸引专业人士的眼球,以使招商广告的针对性更强,成本更低,效果更好。

(3)参会参观广告

有些会展活动的举办本身要考虑营利性和影响性,需要用广告发布会议信息,吸引与会者或参观者,以增加主办者的门票收入或扩大影响。例如:

2012 香港眼镜展参会广告信息

香港贸发局香港眼镜展将于 11 月 6 日至 8 日在香港会议展示中心举行,汇聚超过 600 家国际参展商。展览是亚洲同类展览中的佼佼者,展示眼镜、镜框、镜片、仪器及其他相关产品包括配件及包装的最新设计和潮流。品牌廊集中展示名牌和设计师系列的产品。2012 年首次亮相的包括阅读专用眼镜、儿童眼镜及配件和 3D 眼镜专区。

眼镜展特别为参加者举办多项活动，其中包括一系列研讨会，分析眼镜业趋势、动态及市场发展；又举办第 11 届香港视光学会议，探讨最新业界议题。参观人士更可从第 15 届香港眼镜设计比赛参赛作品陈列展中，一睹未来的眼镜设计风尚。

请即登记索取入场证，包括填写：称呼、名字、姓氏、公司名称、国家/地区、电话、电子邮件等信息。

(4)征集广告，即以征集会展活动的会徽、会旗、会歌、吉祥物、口号、活动方案等为目的的广告。在广告中重点写明征集要求、评选标准、投稿方式、截稿日期、联系方式等。一般在会徽、会旗、吉祥物征集中还要写明有关注意事项，例如：1)如果作品入围，主办单位将要求作者提供高精度文件如 tif 文件和延展设计图例等；2)所有提交的作品一律不退还，请投稿者自留底稿；3)在主办单位公布评选结果之前，作者本人不得自行发布或者发表参评作品；4)作品设计中选采用稿所涵盖的知识产权(图形、图案、文字、字母等)及相关的解释权归主办者所有，任何单位和个人未经产权所有单位的授权不得以任何形式使用上述知识产权，否则将追究其法律责任；5)参赛作品如发现抄袭行为，责任自负。以上 5 点在会徽等征集广告的撰写中可作为参考。

(5)形象广告

狭义地讲，形象广告即以宣传会展品牌、树立社会形象为主要目的的广告。而广义地去理解，形象广告还应包括服务，例如汉诺威博览会的主办方汉诺威展览公司多年来一直坚持为各路展商提供全方位服务，包括银行、邮局、海关、航空、翻译、日用品、商店、餐馆，整个服务体系成为一座城中城，从而解决了参展商的后顾之忧。全方位、周到满意的服务为参展商与顾客提供了极大的方便，这不仅便于参展商成功地达到参展目的，更为展览会培养了顾客忠诚度，树立了良好的品牌形象。往往良好的服务比单纯的形象广告更有效和更持久。

(6)综合性广告

即以全面介绍会展信息、展示会展实力为目的的广告，这类广告既有展示形象的作用，又可以起到招展、招商、吸引观众等作用。例如，由商务部和四川省政府主办，四川国际会展有限公司等承办的 2012 第八届中国食品博览会的广告，列举了参展观展的七大理由。

理由 1(上届情况)：第七届食博会展览面积 6 万平方米，国际标准展位 3020 个，来自 20 多个国家和地区，全国 37 个省、区、市(包括计划单列市)的 2048 家企业参展，参展参会总人次 28.5 万，其中专业采购商超过 1 万人，成交额达 106.5

亿元。

理由2(上届情况):中国食品博览会(以下简称"食博会")是中华人民共和国商务部重点培育的食品行业专业会展,已连续成功举办七届,是中国食品行业规模最大、档次最高、人气最旺的会展之一。

理由3(会展说明):食博会在展示中国食品及相关产业最新成果和品牌形象,加强国内外食品企业的技术交流与经贸合作,推进中国食品消费与流通健康发展等方面发挥了重要作用。

理由4(会展时间):第八届食博会将于2012年10月26日至29日在成都举办。

理由5(会展展望):本届食博会将彰显专业化、产业化和国际化特色,助推产业上下游有效衔接,促进国际交流与经贸合作。

理由6(会展说明):规划展览面积8万平方米,设"国际食品展区、综合食品展区、四川特色食品展区、酒饮展区、肉业展区、食品加工及包装机械展区、茶业展区、调味品及食品原材料展区"八大展区,全面展示国内外名优特新食品及最新技术成果。

理由7(会展展望):诚邀国内外食品行业机构、专业采购商、经销商、投资商及相关企业代表莅临此次盛会,利用食博会专业化平台,开拓中国食品消费市场,引领中国食品走向世界。

从这个广告中,我们看出它综合了会展的五大优势。1)高端权威:国家级专业会展平台,相关国家部委和省级政府高度重视,国内外行业组织共同协作,集聚众多国内外中高端知名品牌。2)高效对接:万余个专业买家的采购平台,为参展商提供丰富的营销手段和贸易良机,力促上下游产业链接。3)国际交流:国际化视野和合作交流平台,为海外企业开拓中国市场开启方便之门,为中国企业搭建高效的出口交易平台。4)行业导向:食品企业和行业主管部门零距离对话,提供行业发展最新资讯,推动行业创新和贸易交流。5)专业服务:服务标准充分与国际接轨,提供多元化服务,以省级政府为支撑的专业会展服务体系。这些会展优势和亮点只有在综合性的广告中才能清楚完整地表达。

(二)会展广告的基本要素

会展广告具有以下几个基本要素:

1. 广告主,是指为推销会展产品或服务,自行或者委托他人设计、制作、发布会展广告的法人、其他经济组织或者个人。任何推广、销售会展产品或服务的商家都可以作为广告主。广告主发布广告活动,它是市场经济及广告活动的重要参与者,它的主体资格与自身组织形态有密切关联,它可以是法人,也可以是自然人。总之,广告主是会展活动的发布者,是会展产品和服务的提供者。

2. 广告目的,包括招展、招商、寻求合作举办的伙伴、寻求承办或代理机构、招徕观众、提高会展品牌的影响力、知名度和效益等。

3. 广告信息,即广告主通过广告所要宣传的内容,例如会展基本信息、展品范围、主办信息、联系信息等。

4. 广告媒介,是指传播广告信息的物质载体。如广播、电视、报纸,刊物、招牌、网站等。广告媒介是能够借以实现广告主与广告对象之间信息传播的物质工具。随着技术的日新月异,广告主有了更多选择,除了上述各种媒体之外,iPod、黑莓、互动电视、银行 ATM 自动取款机屏幕(主要用于银行自身企业和产品宣传)、数字信息亭、黄页广告、电话提示音广告等都可以列入范围之内。

5. 广告受众,即会展广告信息的接受者,也是会展广告信息传播和影响的目标群体。它包括两层含义:一是通过媒体广告接触的人群,即为广告的媒体受众。广告是一种非人际的信息传播种类,需要运用一定的媒体,由媒体种类定义受众则可以包括报纸广告受众、电视广告受众、户外广告受众等等。二是广告主的目标受众及广告诉求对象,即为广告的目标受众。广告的选择特性决定了其要根据广告目标的要求,来确定某项广告活动特定的诉求对象,包括一般消费者、组织市场中的机构代表、商品经销中的采购决策人。

6. 广告费用,包括广告设计、制作、发布的各项费用。广告费用的大小同选择的媒介、发布的时机、发布的次数、内容的多少直接相关。也可以认为是企业通过各种媒体宣传或发放赠品等方式,激发消费者对其产品或劳务的购买欲望,以达到促销的目的所支付的费用。一般情况下,广告费用由两部分组成:

直接广告费用。如广告制作费、媒介发布费等,其基本构成,1)广告调查费用;2)广告设计制作费;3)广告媒介发布费用;4)广告活动的机动费用。

间接广告费用。包括广告人员工资、办公费、管理费、代理费等等。

7. 广告代理,即专门从事广告策划、设计与制作的专业公司。广告代理制是国际上较为通行的广告经营机制。实行广告代理,即是由广告客户委托广告公司实施广告宣传计划,广告媒介通过广告公司承揽广告业务,广告公司处于中介地位,为广告客户和广告媒介双向提供服务。

二、会展广告文案

会展广告文案是指介绍会展活动主要信息和特点的语言文字部分。

会展广告文案有广义和狭义之分。凡有关会展广告的文书材料都属于广义的会展广告文案,如广告合同、广告策划书、电视广告脚本、广播广告文稿、报刊广告清样、发布计划等等。狭义的广告文案专指广告作品的文字部分,如电视广告的脚本、广播广告和报刊广告的文字稿。

广告文案写作是对广告作品中的全部的语言文字所进行的写作。

广告文案写作范围包括广告作品中所有的(除了产品包装本身存在的文字)语

言文字部分。因此广告文案的所有构成部分,包括广告标题、广告正文、广告口号(广告语)、广告附文以至广告准口号,都是广告文案写作的内容和范围。

会展广告文案的结构由广告语、标题、正文和随文四大要素组成。

（一）广告语

广告语又叫广告口号,是为强化受众对会展品牌的印象,在广告中长期、反复使用的特定宣传用语。在会展广告文案中,广告语常常表现会展活动的主题,如"齐鲁文脉,华夏书香"既是 2009 年济南书博会的主题语,同时也是该届书博会的广告口号。

广告语的位置比较灵活,在正文的前面、后面和中间都可以。只要能突出会展广告的主题,并与广告文案保持整体协调,广告语可以放在文案中的任何位置。

（二）标题

标题是表现会展广告主题的文字部分,通常采用比其他要素更醒目的字体字号,置于广告文案最显著的位置,以引起受众的注意,激发受众阅读正文的兴趣。

标题就是题目,"题"在古文中是"额头"之意,"目"即眼睛。标题是广告作品为传达最重要或最能引起受众兴趣的信息,而在最显著位置以特别字体或特别语气突出表现的语句,就像人的头和眼睛一样。标题的作用就是在最短的时间内传递出最重要的信息,引起诉求对象的注意。

20 世纪 30 年代我国广告学的前辈苏上达曾这样评价广告标题:"广告全幅上最重要之文字,厥为标题。盖标题者,全幅广告之精粹也。标题而得其法,则全体广告大可生色,人人竞读之而不生厌。标题而不得其法,则以下任有若何优美之广告材料,必致埋没而无人过问。是故标题者,广告之魂魄也,广告之先锋也。使先锋而为精锐,则全线之士气之大振,声势浩大,易奏凯歌。使广告而失其魂魄,则其余之文字,不为散沙,必为疮痍,人人避之不暇,广告又何由而奏效哉。"这是对标题作用精当生动的评价。人们也常说"看书看皮,看报看题""题好文一半",所以标题的作用不容小觑。

（三）正文

会展广告的正文是会展广告文案的核心,是对广告标题的具体展开。其任务是传递会展活动的主要信息并突出特点。不同的会展广告正文传递的信息各有侧重,以综合性会展广告为例,正文的信息一般包括:

1. 组织者及组织机构信息。要写明主办单位以及协办、支持、承办单位的名称,以显示组织者对会展的重视。必要时还可介绍组委会、筹委会、执委会等组织管理机构的设置情况,以显示组织机构的完备性。

2. 会展活动的历史信息,包括会展活动的批准单位、创办年份、已办届数、主要成果等。恰到好处地介绍会展活动的历史信息,有助于会展项目的宣传推广,激发受众参会参展的兴趣和愿望。

3.会展活动的内容和形式,包括会展活动的目的、宗旨、主题、议题、议程、展品范围、各项配套活动的安排等等。

4.参加的对象,包括会议的规格、报告人的身份、参会参展的范围和条件。

5.会展活动的规模,如展览面积、展位的数量、参会参展人数等。

6.会展的时间,包括报到时间、举办时间、会期和展期。

7.会展的地点,应具体写明会展活动举办地的地名、路名、门牌号码、楼号、房间号码、场馆名称,必要时画出交通简图,标明地理方位及抵达的公交线路,以方便参展者和观众。

8.费用和价格。会议活动要向与会者说明经费的承担部分以及支付方式;展览活动要列明展位价格、门票价格以及其他收费服务的项目。

9.报名的方式和截止日期。会展活动如需要履行报名手续,要说明应提交哪些文件材料,报名的时间和地点等。

10.其他专门事项,如参加会展过程中举办的学术会议的论文撰写和提交的要求、展览活动的进馆布展和撤展要求、会展活动期间观光旅游活动的安排,以及组织者认为必须说明的事项等。

11.联络方式,如主办单位或会议筹备机构的地址、邮编、银行账号、电话、传真、电子邮箱、网址、联系人姓名等。

(四)广告随文

随文又称附文,是广告中传达购买产品或接受服务的方法等基本信息,促进或者方便诉求对象采取行动的语言或文字,一般出现在影视广告的结尾或印刷品的最边角。会展广告随文包括获得服务的方法、相关的认证标志、联系电话号码、会展公司的网址与标识,有的还包括特别说明以及意见反馈表格。随文既可以直接列明,也可以委婉地以附言形式出现。

三、会展广告文案的写作

会展广告文案的使命是让受众形成动机与欲望,这一使命的完成是建立在信任感之上的,先有信任然后才有接近的愿望,要给参展者和观展者找一个要来的理由。因此,会展广告文案要可信,要有号召力,也要富于创意。

(一)对文案撰稿人要求

文案写作不只是纯粹的文字工作,文案撰稿人更不是纯粹的文字工作者——他不仅需要有严谨的思维、开阔的知识面,还需要丰富的创造力。

可以这样说,会展广告文案的优劣完全取决于文案撰稿人的专业素质的高低。一个文案撰稿人应该具备以下条件:

1.有良好的知识结构。专业的会展广告人士不仅要有深厚的广告学知识,对市场营销、消费心理、整合传播以及社会等方面的知识都应有所研究。这些知识来源于仔细的观察和对营销独特的理解。

2.谙熟会展、市场与消费者之间的关系。会展广告人虽然永远不如企业了解产品本身,但却一定比商家更了解广告。好的会展广告文案撰稿必须通过自己独到的领悟能力了解会展的深层价值、市场前景以及诉求对象,以其有效的手段将会展的最优面展现给受众,满足诉求对象的需要。

3.熟悉广告表现手段,善于驾驭文字。文案虽然只是会展广告的一部分,但一个不了解文案与会展广告的协调性,不了解不同的广告媒介在会展广告表现力上的差别,不知道在不同的媒介需用何种文体,不知道为适应不同会展、不同消费者而使用不同风格的文案人员,是很难创作出富有表现力的文案的。没有表现力的会展广告就会失去灵性,会展广告可挖掘的潜力也会丧失殆尽。

4.创造力与创造精神。文案撰稿人必须具备创造力与创造精神,因为这决定着会展广告文案的原创性和影响力。我们所说的创造力,完全不是指某种晦涩的、神秘的艺术形式,它只是展商能够使用的最实用的东西。当我们的广告文案敢于突破,敢于创新地尝试,才能创作出有一定原创性、与所要表现的主题紧密联系的会展广告作品。很多时候,人们把创造力和创造精神表述为创意人随时随地都处于一种创意思考的精神状态,比如灵光乍现。任何一个人都可能有灵光乍现的经历,但是绝大多数人灵感中的多数从未达成任何成就。因为在灵感与优秀的会展广告文案之间存在着很大的距离,这种距离必须依靠大量的工作去缩短,这需要经过艰苦的训练以及孜孜不倦的思考才能完成。灵感也可以说是创作欲望、创作经验、创作技巧、思维准备和情景诱惑的综合产物。只有具有很强的创作精神的人才有可能把握住灵感,创作出富有魅力的作品。所以说,优秀的文案手都非常勤奋,而不是仅靠天才就可以一劳永逸的。

(二)文案构思的问题

文案写作过程是进行创造性思考的过程。优秀的会展广告文案作为市场竞争的一种有效武器,是艰辛而严密思考后的超越性产物。在思考文案的过程中有几个非常值得注意的问题。

1.收集资料要全面、准确,无论是原始资料还是一般资料。客户提供的资料往往不是很全面,尤其是市场资料,需要文案撰稿人员主动收集。另外,文案撰稿人日常积累也很重要,因为亲身体验得来的资料会更丰富、直观、有效。

2.文案撰稿人应准确把握自己所要解决的问题,也就是到底要写什么样的文案,达成什么样的目标,帮助塑造什么样的会展形象,采用什么样的表达策略,以什么样的风格传达哪些信息等等。

3.文案的写作必然经过"山重水复疑无路"的过程,遇到这种情况千万不能灰心,思考看似进入一个"停滞"阶段,此时有必要放松自己,寻求新鲜事物激发一下想象力。不要以为灵感是突然迸发的,其实更是一层层逐步积累起来的。

4.灵感不一定带来好的作品,需要联系实际、结合情境才能落实于文字。

文案的威力当然要借助诉求方法才能得以实现。诉求方法和诉求技巧可以有很多种,但是并无好坏之分,全在于会展广告创意者和文案手如何去运用,运用得是否得当。正所谓"兵器不分高下,威力全在心法"。

（三）文案写作的手法

在广告文案的写作过程中,需要针对不同的会展、不同的诉求对象运用不同的文案表现手法。在不断寻找有效的说服途径的过程中,针对观展者认知和情感投入的差异,会展广告文案采取理性、感性和情理结合三种最主要的诉求手法。

1.理性诉求

理性诉求定位于诉求对象的认知,真实、准确地传达办展机构、企业、产品和服务的功能性利益,为诉求对象提供分析判断的信息或明确提出观点并进行论证,促使观展者经过思考,理智地做出判断。理性诉求可以做正面说服,比如传达产品、服务的优势和购买产品、接受服务的利益;也可以做负面表现,如说明或者展现不参与的影响或损失。

理性诉求的基本思路是:明确传递信息,以信息本身和具有逻辑性的说服加强诉求对象的认知,引导诉求对象进行分析判断。理性诉求的具体内容多种多样,但手法主要有以下几种。

（1）阐述重要的事实:直陈、数据、图表、类比

当会展广告集中传达产品特性、性能、购买利益时,阐述最重要的事实并做利益承诺是最常用的手法。阐述的语言要求精炼、准确。经常采用直接陈述、提供数据佐证、列图表、与同类产品类比等方法,提供给诉求对象有说服力的信息。

（2）解释说明:提供成因、示范效果、提出和解答疑问

在传达产品特性时,广告还可以做一系列的特性演示并示范功能和效果,从而加深诉求对象的理解。提供成因或示范均可以以图文结合的方式展现,增加可信度。而提出疑问并解答的方式可以有效地将诉求对象的关心点引向会展广告的诉求重点。

（3）理性比较:比较、防御和驳斥

比较主要采用理性诉求的方式进行,和竞争对手做比较,以凸显自身优势。既可以含蓄地比较,不指明对手,也可以针锋相对地比较。品牌会展通过比较可以展示自身的优势;普通会展通过比较可以提升品位,展示独特处。

（4）观念说服:正面立论与批驳错误观念

理性手法还可以就本展览会及服务给目标观众带来一种新的消费观念、产品选择观念等。可以从正面来阐述自己的新观念或理念,也可以反驳旧有的错误观点。通过有理有据的说服,促成诉求对象的观念转变。

（5）不参与的损失：危害诉求

危害诉求也是理性诉求的常用方法，列举参展观展的好处和不参与的损失，描述某些使人不安、担心、带来危害的事件或发生这些事件的可能性。但要注意会展广告展现的危害程度要适当，不能故弄玄虚吓唬人，危害诉求必须与目标对象有适当的距离。

2.感性诉求

感性诉求的基本思路是：以人性化的内涵接近诉求对象的内心，让他们参与或者分享会展所带来的某种愉悦的精神享受，使之与会展之间建立情感联系，对办展组织、企业、产品或服务产生情感化的偏爱。

如果找到展品或展品的使用情景与某些情感有直接的关联，我们就可以利用这种情感，使之成为有效的情感诉求工具。

（1）爱与关怀：爱情、亲情、乡情、友情及怀旧之情

爱与关怀是人类感情的基础，最能引起人们的共鸣。广告中呈现的快乐、幸福、满足、温馨等容易感染观众的氛围，主要依靠爱情、亲情、乡情、友情及怀旧之情来营造。

如生活用品展中，可以围绕产品，通过日常生活中父母与子女之间的交流互动，设计体贴、温暖、和睦的场景和情节，揭示亲情的内涵，这样一来打破了生硬地宣传展品功效的常规，用亲情将展品形象植入众多目标对象的心中。我们经常在电视中看到，一些商品广告由于采取了亲情诉说，取得了很好的效果。

（2）生活情趣：好奇、休闲、幽默及其他

生活中蕴涵着丰富的情趣，如享受悠闲、品味幽默、满足好奇心等等，它们虽然不是情感，但是可以唤起积极的心理感受，如轻松、自得、惬意等，很容易感染诉求对象，因此也是感性诉求的常用手段。

3.情理结合

情理结合诉求手法的基本思路是，采用理性诉求传达客观信息，又用感性诉求引发诉求对象的情感共鸣。它可以灵活地运用理性诉求的各种手法，也可以加入感性诉求的种种情感内容。

情理结合手法在广告文案的写作以及广告运作中更为常用，但前提是产品或服务的特性、功能、实际利益与情感内容有合理的关联。如上海世博会广告，就既反映了我国城市发展和建设的客观进程，又传达了城市化战略让人们生活更美好的情感诉求。

"弱水三千，只取瓢饮"，在选择广告表现手法时，不必追求当前流行的某种方法，选择适合会展自身特点的最重要。坚持原则在会展广告写作时也是一种原则。

（四）写好文案的四个部分

在会展业的发展过程中，在一代一代文案人员的经验积累下，会展广告文案

形成了以广告语、标题、正文、随文四个部分组成的信息传递模式,他们分别传达不同信息、发挥不同作用。这一模式可以有效地提升信息传达效果,它也是文案写作的基本架构。有时在某一广告文案中缺少某一项或多项,不必苛求,只要是达到制定目标的文案都是好文案。文案人员如果只知道墨守成规,反而会固步自封。

1.广告语——展品标志性符号和会展承诺。

如前所述,广告语既可以是广告口号、主题句,也可以是标题句,都是为了加强受众对会展及服务的印象而在广告中长期、反复使用的简短的口号性语句。它是会展标志性符号,也是会展的承诺。

(1)特性

会展广告语在广告运作中有着画龙点睛的作用,它有着既定的特性:

1)简短有力的口号性语句,不简短就不利于重复、记忆和流传。

2)浓缩的观念性信息,通常是会展的核心观念。

(2)风格

会展广告语在长期的发展中形成一定的风格,写文案时可以根据参展商和展品的特性以及广告的内容,选择不同的风格。

1)一般陈述:使用正式的语言、普通的句式,陈述性语气。适合大多数会展使用。

2)诗化:传达感性信息时,使用稍具文学性的语言风格更能营造氛围,加深受众的印象。

3)口语:口语生动活泼,语气鲜明,适合生活类的产品展览会。

还可以借用一些语气郑重的企业广告语,来做宣传式表达,如菲利浦的口号"让我们做得更好",就可以作为小电器产品展的广告语。

(3)要领

广告语在写作时要注意避免流于空洞,它有着一定的写作要领:

1)力求简洁,浓缩就是精华,去掉不必要的修饰。

2)单纯明确,体现的观念要单一明确。

3)避免空洞的套话,使之有独特性,语句不能晦涩难懂,更要避免虚假的大话。

4)要有很强的适应性,既要避免时间和地域色彩,又要能适应各种媒介广告的使用。

5)广告语在用词、内容、句式、语气等方面还应该追求个性,以能够在众多的广告语中脱颖而出,被对象群体记住。

概而言之,会展广告语的写作:

首先要新颖独到、与众不同。例如,钢琴等乐器展销中"学琴的孩子不会变坏"这一广告语,抓住了父母的心态,采用攻心策略,不讲乐器的优点,而是从学琴有利于孩子身心成长的角度,吸引孩子父母。如果认同了这一观点,会展的销售就是水到渠成的事了。

其次是要简短有力、好读易记。如某饮料展销会的广告语"好饮品,好味道",这是一句口头语,简单而上口。当人们对饮品有了发自内心的感受时就会脱口而出,这体现了其用意的随意而不随便。

第三要单一明确、正面宣传。如洗发用品展用"成功之路,从头开始"可收到会展广告的一语双关的功效。既说明了头发的重要,也暗示千里之行始于足下,表达了人们尤其是年轻人要脚踏实地、努力向上的意思。这种广告语宣扬一种积极向上的人生追求,主旨是明确而正面的。

第四要形象鲜明、号召力强,突出个性化内容和个性化风格。如国产体育用品展中"把精彩留给自己",就充分表达了诉求对象鲜明的自我观念与期许,表达了个人对社会形象的向往和追求,其中包含了个性、价值观念、自信、自豪、自我实现的含义;进一步讲,体育用品是年轻人的天下,国产品牌中虽然没有耐克的超级明星,没有阿迪达斯的国际背景,而"把精彩留给自己"却也同样符合青少年的心态,哪一段青春不希望精彩呢? 这个广告语因此鲜明而富号召力。

第五要突出重点,体现新意。会展广告写作要突出重点,有的全篇甚至只有一个揭示会展名称的标题和一句突出会展理念或主题的广告语。例如,"2010 年上海世界博览会(标题)城市,让生活更美好(广告语)",这里"城市,让生活更美好"就起到了画龙点睛、强化主题的作用。除了突出重点,还要体现新意,例如,2005 上海书展广告打出了"悦读周"的新口号,其中"悦读"一词很有新意,提倡一种读书快乐和快乐读书的理念,使书展广告的主题一下子得到了升华。

2.标题——信息、趣味和创意的展现。

标题与广告语在广告作品中的作用同等重要,但二者的本质迥异。就长远效果来看,广告语的重要性无疑超过标题;但就一则广告作品,尤其是平面作品,标题远比广告语重要,它是文案的关键点。美国著名的广告代理商大卫·奥格威认为:"标题是大多数平面广告最重要的部分。它是决定读者读不读正文的关键所在。"会展活动因为有时段性,不同于企业的长期性,所以会展广告标题相比会展广告语更显重要,它是文案与创意的纽带。精妙的标题可以一针见血,直指创意核心,让会展广告的创造性充分展现。

(1)标题撰写的要点

要吸引诉求对象,标题必须有足够的吸引力。标题的吸引力蕴涵在它的内容和形式上,引人入胜的标题会使正文的阅读率成倍提高。在标题的撰写过程中必须注意以下几个要点:

1)紧扣创意,把创意的最巧妙之处融入标题,准确地直指核心,并且要集中一点。

2)避免平铺直叙,平铺直叙最能准确表述,但无助于吸引读者,应寻找出人意料的角度。

3)语言简洁凝练,注意使用个性化的语言,能有助于体现产品的特性。

会展广告的标题制作要求活泼灵巧,不拘一格。会展广告的标题可以采取丰富多样的形式,从语言形态看,可以有词组型和句子型两种;从结构形式上看,可以有单行式、双行式和多行式。在双行式和多行式标题中,主标题最为重要,一般要揭示会展的名称。主标题下方的子标题一般说明会展的时间地点。如:"2013 第 23 届杭州化妆用品展览会(主标题)——4 月 6 日至 8 日杭州和平国际会展中心举办(副标题)"。会展活动的名称是会展广告中关键性的信息,因而是标题的主要内容,并且要以显著的位置和强烈的视觉效果加以突出。名称一定要写全称或人们共同认知的简称,首次举办的会展活动不可使用简称。

(2)标题的写法

现代广告对标题越来越重视,会展广告标题也越来越新颖、醒目。要想撰写一个好的标题,我们可以借鉴以下一些写法。

1)类比式标题:寻找诉求对象司空见惯的事物,与广告的诉求重点做贴切、生动的类比。

2)新闻式标题:以发布新闻的姿态传递新的信息,或者为了强调广告信息的价值,以类似新闻式的标题来吸引读者。可在标题中揭示会展开幕或即将开幕的新闻事实,如"大连国际渔业博览会将促进渔业与商业的有效对接"。这里既点明了博览会开幕的消息,又指出了会展的功能作用。

3)疑问式标题:以设问或反问的方式引起观众的好奇心,把读者拉入广告。如"衣服上有洞,为什么还能防水? 欲知奥妙,请参观新材料服饰展览会",这类标题通过激发人们的好奇心而产生较强的吸引力。

4)故事/叙事式标题:暗示一个引人入胜的故事即将开始。如"烟雨青花的传说——瓷器艺术精品展销会",这样的标题有故事开展的想象空间,也含有诗意,不失为一个好的会展标题。

5)命令/祈使/建议式标题:站在组织或发起者的立场针对参展和观展者说话,也可以用观众的口吻说出,有着一定的号召力量。如"不要告诉我怎样的才好——体育用品展销"。

6)悬念式标题:设置某种悬念、引发广告对象的好奇心理,引导读者寻求结局。如某化妆品展销会标题"这里有我们的秘密",通过设置悬念,激发并满足广告对象的探索欲和好奇心。

7)名称式标题,即直接用会展活动的名称作为标题,如"中国国际石油石化技术装备展览会"。

8)祝贺式标题,即从第三人称的角度祝贺会展活动举行,如"国酒茅台热烈祝贺第二届中国—东盟博览会隆重举行"。这类标题用于祝贺性会展广告,既宣传了会展活动,又宣传了自己,起到一举两得之效。

9)修辞式标题,即巧妙运用夸张、双关、比喻、比拟、对偶、谐音等修辞手段写作标题。如"与天空相映成趣,在阳光下展露多彩多姿的色彩! ——伞的特展",因为使用了夸张和比喻的修辞手法,该标题显得生动形象有文采。"栩栩如生的昆虫……大自然的奥秘! ——昆虫世界展",这里把昆虫与自然奥秘联系起来,显得神秘而有吸引力。又如"2012新居室惠展",其中的"惠"字,与"会"同音,但意义却不一样,体现了这次会展优惠让利、实惠多多的亮点。我们常见的"小草有生命,脚下请留'青'"是公益广告中一个典型的例子,它利用"青"和"情"的谐音,言在情而意在青,一语双关,既表现了趣味又体现了创意。

优秀的标题可以说是整个文案的灵魂,也是整篇文案创造力的凝聚点。只有思路开阔,并且尝试语言文字表达的多种可能性,才能写出有效传达信息或有效吸引读者的会展广告标题。

3.正文——完整信息和深度诉求。

正文是广告作品中承接标题,对广告信息进行展开说明、对诉求对象进行深入说服的语言或文字内容,是诉求的主体部分。出色的正文对建立受众的信任,令他们产生参会观展的欲望起到关键性作用。正文还能展现会展形象,营造展品销售氛围。

(1)内容

不同会展广告的诉求目的不同,广告主和展品不同,广告的具体内容也千变万化。但要写入正文的内容,不会脱离以下三个层次。

1)诉求重点:诉求重点是广告的核心内容。在会展广告中,博览会的诉求重点常常是对社会、文化以及经济的影响和作用;在交易会广告中,诉求重点集中于展商数量,选择的多样性;在展销会广告中,诉求重点集中于展品或服务的特性和对消费者的利益承诺;在看样订货会广告中,诉求重点是对经销商的优惠、奖励等信息。

2)诉求重点的支撑点和情感解读:正文必须提供更多、更全面的信息,使诉求重点更容易理解、更令人信服。如果一则广告的目的不在于传达具体的信息而在于情感沟通,那么情感性的内容就需要深入展开,以增加感染力。

3)行动号召:如果会展带有一定的公益性,那广告的目的就不全是商业利益,正文还需要明确地号召人们行动起来,或献爱心或尽责任或少浪费或保护环境。

(2)形式

不同的展品或服务,不同的会展在广告中的表现形式各不相同,正文的表现形式也是多种多样。适当的表现形式能使广告更具有说服力。

1)客观陈述式:不借助任何人物之口,直接以客观口吻展开诉求。这是最常用的方法。从形式上看,这似乎没有创意,但其实不然,即便创意再特别的广告,在正文中展开诉求时,也都会以诉求对象看得懂的外在形式来表现。只要文案撰稿人在写作正文时能够准确把握创意概念,即使是客观陈述,也能让创意的力量充分发挥。

2)主观表白式:以广告主的口吻展开诉求,直接表白"我们"将如何或正如何。这种方式在表述会展观点、态度以及在展品或服务上所做的努力方面有更大的自由。但前提是必须有好的创意概念。如"我们一直在努力""让我们做得更好"等都是主观表白的典范。

3)代言人式:以代言人的口吻向诉求对象说话,这是电视广告最常用的方式。让代言人说出自己了解的情况,语言必须符合身份与个性。

4)独白式:让虚构的人物或者广告中的角色,以内心独白的方式展开诉求。这种形式不是直接向诉求对象说话,独白者可以回忆自己的经历、表明观点、抒发情感,可以有鲜明的感情色彩以引起诉求对象的情感共鸣。

5)对白式:通过广告中人物的对话与互动展开诉求。这种方式常用于电视广告中。

6)故事式:将正文写成一个完整的故事,描述有吸引力的故事情节,让办展机构、展品或者服务在故事中担当主要角色,将广告诉求以常理的逻辑关系自然地融入故事中。这种方式常用在平面广告中。

(3)技巧

正文的写作过程,是创作的过程,也是学习的过程。那些家喻户晓的成功广告就是学习的样本,我们可以从中总结一些共性的技巧。

1)注意题材的深度挖掘。例如提炼具体会展活动的意义价值,或讲述一些不为人知的事实,人们总是对新观点、新鲜事特别感兴趣,展品和服务的背后有许多鲜为人知的素材,如果被挖掘出来就是绝佳的题材。

2)注意表达的趣味性。情节的趣味、文字的趣味、画面的趣味等都可以考虑运用,正文越长,越需要有趣味性。新鲜的事实、生动的人物和情节、令人忍俊不禁的幽默都可以增加正文的趣味性。

3)注意态度的诚恳。不仅仅是介绍信息时的真实度,在文字表现形式上也不能粉饰,更不能欺骗。不论是会议、展览还是节事活动,在广告正文中都要传达出谦和有礼、值得信赖的讯息。

4)注意语言的合理运用。不必刻意追求精致,广告讲究实效,华丽的词藻往往会适得其反,但并不是不要文采,应做到平实而不平淡。

也有一部分会展广告并不在意传递明确而容易理解的信息,只在意建立形象。这类广告有时几乎没有正文,通常需要广告的视觉效果好或者标题已经能够明确传达信息来做保证。

4.随文——最后的推动。

在本节第二部分的会展广告文案中介绍结构时，我们已经提到过，广告随文又称广告附文。这里再来简要介绍一下随文的写作。随文的功能是对广告正文的内容作进一步的补充说明，它并不是可有可无的，它是正文的补充，是整个会展广告文案的有机组成部分，是广告诉求的最后推动。会展广告随文通常需要写明以下内容：

（1）广告主的标识，如会展企业的名称和 logo，会展项目的名称和 logo 等。特别是做会展企业或会展项目的形象广告时，这部分的内容必不可少。

（2）联系方式。在综合性会展广告中，联系方式属于正文的内容，但在其他广告中，联系方式则以随文的形式出现。

（3）权威机构的证明标志或获奖情况。国际会展业权威认证机构 UFI FKM、BPA 或者国家商务部的认证、评估等级证书，能够增加会展企业和会展项目的可信度。会展广告随文的写作要突出关键条文，语言简明，直观易记，与正文的表述风格一致。

会展广告文案的写作除了要把握好以上四大部分，还要遵循三个基本原则：

1.鲜明

主题鲜明、突出，避免面面俱到，是会展广告写作的首要原则。会展广告要突出宣传会展活动的特色和亮点，内容集中，给人以深刻的印象。

2.真实

真实是会展广告的生命。会展广告文案传达的信息要有客观依据，材料一定要准确，切忌夸大造假。处理好广告的形式虚构和信息真实之间的辩证关系。

3.活泼

会展广告的写作没有固定的模式，相反，在表现方法、结构安排和版式设计上讲求创新，应努力做到构思新颖、图文互补、生动活泼、不落俗套。

总之，会展广告文案有一定的结构、表达模式和写作原则，但并不意味着按照这些要素写出来的就是成功的文案，因此，文案撰稿人还要有一定的自由发挥空间，来展示自己的创造力。只有把规矩法度和自由发挥结合起来，才能创作出成功的广告作品。

第四节　会展推广进度安排

会展能够如期举办是对会展策划和筹备的基本要求，但会展往往涉及多个行业，头绪较多，因此要如期举办，就要在会展的策划、筹备、营销以及开幕等环节中体现较高的统筹协调性。这种统筹协调主要是指各环节在时间安排上的协调衔接，因为不论哪个环节的时间安排出了问题，都会对会展的整体工作造成拖延和耽误。会展举办的成功与否,就要看主办机构对会展的宣传推广,包括招展、招商、布展撤展等各个环节是否进行了严格的时间管理,是否在会展的整体进度安排上做到了统筹。筹备过程中,由于时间进度上的不协调造成会展的逾期或是无法举办,将给主办方带来很大的损失和不利的影响。会展策划和筹备工作涉及面广,头绪繁多,但合理安排好时间并进行严格的时间管理是成功策划和顺利举办会展的前提条件。策划和筹备会展时,在时间进度上对会展的各项筹备工作进行合理的安排,也就是对会展各筹备工作做好时间节点控制,这一控制只有在具体执行时进行严格的时间管理,才能使会展的各项筹备工作按要求有序推进,并保证会展的如期举行。

如今在信息技术的推动下,人类社会已进入一个信息化的时代。在会展业中由于 IT 技术的渗透介入,整个行业的组织方式发生了重大变革,影响会展成功举办的要素已不只局限在投资、场所、品质和规模上了,时间也已成为会展运作管理中必须考虑的重要因素。所谓会展经营的时间既是指对竞争形势和市场变化作出反应的时间,也是指对客户需求作出反馈的时间。要想在激烈的竞争中脱颖而出,就必须缩短反应与反馈的时间,提高速度效率。赢得了时间也就赢得了资源的优势、市场的优势和竞争的优势。因此越来越多的办展机构开始重视时间要素并在会展业中引入有效的时间管理。

一、会展时间管理

时间管理是现代企业十分重视的一项管理内容,在瞬息万变的市场环境中,在节奏不断加快、竞争日趋激烈的社会里,现代企业的经营活动更要讲求时间成本,更要重视对时间进行有效的管理。按照管理学的定义:"时间管理是指通过事先规划并运用一定的技巧、方法与工具实现对时间的灵活以及有效运用,从而实现个人或组织的既定目标。"其实,时间只会不断地流逝,你是无法去控制或是"管理"时间的。所以我们所说的"时间管理",其实并不准确,我们真正管理的,是每天发生的或是要去执行的一个个"事项"。所谓会展时间管理,是指会展企业把时间放在和投资、成本、质量与营销等同样重要的位置上,充分考虑每个环节在时间上的衔接和协调,以及每项任务执行所需要的时间,在这个基础上培养办展组织和相关人员的协调能力,训练办展组织和相关人员的快速反应能力,最大限度提高时间利用率和投入效果。

会展时间管理是现代会展业发展的必然要求,也是保证会展成功举办的重要条件之一。作为企业经营时间管理在会展业的具体应用,会展时间管理就是要突出有效性,也就是要办展机构对会展的各项筹备和组织工作在时间上进行通盘考虑,对会展的招展、招商、宣传推广、筹展撤展以及会展服务等各个环节在时间及工作进度上进行统筹安排,使各项工作在时间安排和进度上彼此协调,符合会展整体筹备和组织工作的需要,在时间上最终保证会展的如期举行。

由于会展业和其他企业相比有其特殊之处,所以对会展进行时间管理,不仅要对会展的整体组织和筹备工作进行管理,还要对各个重要组织环节进行管理,具体来说,会展时间管理的内容主要有六个方面:

(一)招展时间管理

招展在组织会展过程中的重要性是不言而喻的,会展就像一场演出,主办方搭台,参展商唱戏,招展就是招人来唱戏。如果招展不成功,戏就没法演,会展就无法举办,所以招展是会展策划和筹备的一项重要工作,能否在预定的时间里顺利完成招展任务是会展能否成功举办的关键。会展招展有时不能毕其功于一役,往往要经过反复多次的邀请,多次的努力才行。因此,会展必须在时间上对招展工作进行合理的安排,并对会展招展的时间进度进行有效监督和控制,合理把握会展招展工作的时间节点,何时启动、用时多长、何时结束等等,根据实际,灵活调整招展策略和时间安排。如有必要可加大招展力度,保证在预定的开幕时间以前圆满完成会展的招展任务。只有在计划的时间里招到高层次的展商,才能办出高品位的会展。在一定意义上说,没有展商就没有展览会,有什么样的展商就有什么样的展览会。展览会的层次取决于参与会展的展商的层次。展览的组织者或举办者只是特定服务的提供者,办展方只是希望通过自己的努力构筑起"展"和"览"交流、沟通的平台。只是这种平台并不是预先设立的,它因交流、沟通者的出现而存在,所以在招展的同时还要考虑到招商。

(二)招商时间管理

招商在组织会展的过程中也是至关重要的。招商工作的成绩好坏直接关系到会展的展出效果,关系到参展商参展价值的实现程度。会展招商时间管理,就是要对会展的招商在时间上进行合理安排,在进度上进行有效监督和控制,使会展开幕后有足够数量的有效观众到会参观。一般会展的举办期间都可看做是招商时间,对于专业观众如采购商、团体客商还应安排论坛、研讨、订货洽谈会等活动的时间。要把这些有针对性的活动的"小时间"和整个会展的"大时间"统一起来考虑,统筹安排。客观来说只有招到足够的符合会展要求的客商,会展才能生存,从这个意义上说,没有客商就没有展览会,有什么样的客商就有什么样的展览会。实践工作中人们比较重视招展工作,而不重视招商工作。从形式上看招展似乎很重要,因为展览会给人的第一感觉是布满了展示商品和服务的各种摊位,人们很容易误认为展览会是由参展商构成的,然而这是认识上的误区。市场经济的通行规则是以需求为核心,生产必须以需求为导向。展览会上"展"和"览"分别是市场上供应与需求的体现。"展"是以"览"的存在而存在的,没有"览","展"毫无存在的价值或意义。因此,对招商不重视是绝对错误的。参展公司花了很多经费参加会展,目的是为了占领市场,广开销路。如果招商不成功、专业观众很少或者专业观众的质量不高,参展公司就不会前来参展。"招商比招展更为重要""会展成功的关键在于招商"的观念已被越来越多的展览公司所认同,一些只注重招展、眼睛只紧盯展位收益的公司要逐渐改变思路,不断加大招商力度,做好招商的时间管理,把工作的重点放到参观观众的组织上来。

总的来讲,招展和招商应互为条件,互为基础。招展的成功有利于招商的顺利进行,招商的成功同样也有助于招展的进行。因此,招展和招商要相辅相成,不可偏废。

（三）会展宣传推广时间管理

会展宣传推广的任务主要有促进会展招展、促进会展招商、建立会展的良好形象、创造会展竞争优势、会展筹备、协助业务代表和代理机构顺利展开工作、指导内部员工如何对待客户等六个方面。其中促进会展招展、促进会展招商和建立会展良好品牌形象是会展宣传推广的三大重点任务。因此,会展宣传推广工作不仅在内容上要与会展招展招商以及品牌建设相适应,还要在时间安排上与它们相协调,知道宣传推广的内容何时侧重于促进会展招展,何时侧重于促进会展招商。如果会展宣传推广在时间安排上与会展招展、招商和品牌建设不相适应,满足不了它们对宣传推广的要求,那么,会展招展、招商和品牌形象建设势必要受到很大影响。综合地看,会展宣传推广的六个任务不是同时实现的,也不是在某一个时间段里集中实现的,它们是随着会展筹备工作的进展和会展的实际需要而分步骤和分阶段逐步实现的。所以,加强会展宣传的时间管理,控制好时间节点,会展发展到什么阶段就进行什么样的宣传推广工作,最终保证宣传推广任务的落实和完成。

（四）会展服务时间管理

会展服务时间管理,就是要在时间上合理安排会展的展前、展中和展后服务。合理安排展前各环节包括展前调查、展前宣传等活动的时间;合理安排展中各项活动和展后各环节包括展后跟踪调查、分析评估等的时间。要对各个组成环节进行有效管理,保证客户能得到高效规范、快速及时的服务。但在实际中往往出现这种情况:参展商需要对参展工作进行认真准备,可《参展商手册》却还没有编印好;观众急于了解参观的时间安排及其他事项,可观众邀请函和入场券却还在印刷中,如此等等。服务工作跟不上会展整体进度的需要,是很多会展筹备过程中的通病。会展业要在现代企业千帆竞发的形势下取得优势,很重要的一条就是给客户提供高质量的服务。所谓高质量的会展服务,就是高效、及时、规范以及快速的服务,它既包括发生在会展现场的租赁、广告、展品运输、展位搭建、仓储、安保、清洁等专业服务上,也包括发生在现场以外的餐饮、旅游、住宿、交通、运输、地方特产等相关行业的配套服务上。只有在时间上安排好这些会展服务,会展业才能不断取得竞争优势,才能不断发展壮大。

（五）筹展撤展时间管理

会展筹展和撤展工作主要集中在会展开幕之前和闭幕之后,在这两段时间里,会展的筹展和撤展工作要求做到安全有序。会展筹展和撤展时间的长短直接关系到会展租用展览场地时间的长短，而会展租用展览场地时间的长短又直接关系到会展举办成本的高低。如果会展筹展和撤展在时间上安排合理，在程序上安排科学，那么，它不仅可以大大缩减会展成本支出，还可以使会展的筹展和撤展工作变得井然有序，在使参展商满意的同时也使会展主办单位满意。筹展撤展管理首先将筹展撤展的确切起止时间及时准确地通知参展商；其次提醒参展商在规定时间内尽快着手展位搭建和结束时展品的撤除，在整个过程中都要加强现场管理，保证现场的工作秩序和效率。

（六）会展整体时间管理

举办一次会展活动，至少要考虑到会展的招展、招商、宣传推广、会展服务以及筹展撤展等工作，整体时间管理就是将这几方面在时间上合理安排，在进度上互相配合互相协调，避免出现相互撞车或前后脱节的现象。会展整体时间管理要立足全局，从整体的角度出发，对会展的招展、招商、宣传推广、会展服务以及筹展撤展等工作在时间上安排好先后次序，采取有效的措施，使会展自始至终都处在"能控、可控、在控"状态，监督和控制好整体进度，确保会展总体上协调，全局上配合；另一方面，会展整体的时间管理还要有弹性，以便对各具体事项推进中出现的偏差进行调整，既不死守原计划，也不随意改变计划，而是根据情况的变化和整体的需要，灵活地加以调整。立足全局，管理就不会片面；机动灵活，管理才不会僵化。

会展时间管理是局部的配合，也是整体的把握，除此之外，它还要求会展计划要详实周密。因为计划是时间管理的依据，有一个严密的计划，时间管理才有章可循，才好执行，这是其一。其二是人员素质，会展的组织管理人员必须具有较强的时间观念，既要有对整体时间的控制力，也要有分步实施的执行力。整体的控制就是从时间上对会展的整体安排和进度进行监督与把握，分步实施就是对会展招展、招商、宣传推广、会展服务以及筹展撤展等工作按照计划和时间节点的要求及时予以完成。对人员素质的要求除了具备时间观念外，还要有良好的团队精神，管理人员除了自己所负责的工作外，还要和其他人员或部门相配合，以保证会展分步和整体的时间进度能按既定计划执行。

二、会展时间进度表

会展时间进度可以根据会展时间管理的程序步骤来编制会展时间表。办展一般包括选择展览场地、安排展期服务、设计和制作展台等工作都要在规定的时间内完成。而制定一个详细的时间表，可以防止因头绪多而造成的顾此失彼或手忙脚乱的情况。制定时间表不一定精确但一定要详细，不能精确是因为影响办展的因素较多，有些情况是不能预计的，不顾实际地追求精确只会显得死板教条，失去实用性；可以详细是因为对准备工作的细化能促使办展者考虑更周到，准备更充分，这样遇到变化时才能更从容地应对。所以一个好的时间进度表应该是既有弹性又很详细的。从实际来看,编写时间表并没有一个"标准"的做法。你可以制定一个主表,下面再细分每一项工作环节的主要截止时间;也可以使用为项目计划管理专门设计的软件;或者用直观的展板结合文字处理系统来制表。

（一）编制时间进度表

尽管编制会展时间进度表可以不拘一格,形式多样,但大多数会展都有共性。在实际工作中,每次都可以用同样的主表模式来制定时间表,按照时间和主要任务把表格分块,然后按照每次会展的具体目标和相关任务将时间表进一步细化。其中特别要确定项目负责人、项目开始时间和完成时间等,将制好的表分发给会展各项目负责人,并备案留底。例表如下:

序号	具体工作		项目负责人	开始时间	完成时间	天数	备注
1	做计划	市场调查					
		费用计划					
		确定主办、承办单位					
		联系场地					
		办理相关手续、申请批文等					
2	招展	制作邀请函					
		发布信息（媒体、邮寄、手机、E-mail 等）					
		处理反馈信息					
		拜访目标商					
		分配展位,发放展位确认书					
		制作参展商手册					
3	招商	发布信息（媒体、电话、短信等）					
		举办活动（研讨会、洽谈会等）					
		统计客商信息					
4	宣传推广	会展形象塑造					
		会展筹备					
		协助业务代表和代理机构顺利展开工作					
		培训内部员工接待礼仪					

续表

序号	具体工作		项目负责人	开始时间	完成时间	天数	备注
5	会展服务	租赁服务					
		交通运输					
		仓储安保					
		住宿餐饮					
		清洁卫生					
6	布展撤展	展厅、展台搭建					展前7~10天
		撤展清场					展后2~3天
		现场管理					开幕到闭幕
7	整体管理	计划性					最后评估
		科学性					最后评估
		有序性					最后评估
		协调性					最后评估

如果确定了会展举办时间,为了直观地反映会展进程,可用甘特图加以呈现。假设某会展准备时限为一个月,展期4天,开幕时间5月18日,图表示例如下:

项　　目	开始时间	已完成	未完成	天　数	完成时间
做计划	4月18日	7	0	7	4月25日
招展	4月25日	20	0	20	5月15日
招商	4月28日	20	2	22	5月20日
宣传	4月25日	23	2	25	5月20日
会展服务	5月8日	10	6	16	5月24日
布展	5月10日	7	0	7	5月17日
撤展	5月22日	0	2	2	5月24日
评估	5月21日	0	3	3	5月24日
展期	5月18日—5月22日				

注:完成情况以开幕日为界

甘特图：

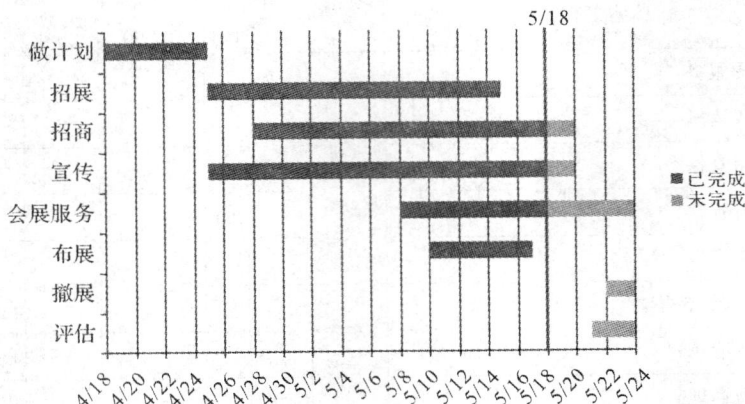

运用图表可以直观反映会展时间进度，从上图中可以看到会展筹办的主要环节和相应的时间安排。一般招展、招商及宣传在计划完成之后才好进行，它们和会展服务所需时间较长，做计划、招展、布展都在展前完成，招商、宣传和会展服务可以持续到展中和展后，撤展和评估在展后两天内完成。上图是对会展总体进度的简单呈现，实际的会展筹备过程往往需要更长的时间。具体情况可以结合实际加以调整，也可以针对每个环节做分进度表，从而更好地控制会展时间进程。

（二）具体步骤及注意事项

会展时间进度从做计划到最后评估，经过8个步骤，一般程序是：计划先行，招展招商跟进，同步宣传推广，做好服务保障，在会展开幕前完成布展，会展结束及时撤展，最后进行评估总结。按照这个程序制订会展时间进度表的各步骤时，还要注意一些相关事项。

1. 做计划

计划是办展的第一步，但它所占时间并不长，要在短时间内把计划做周密，建议做一个分进度表，计划主要涉及市场调查、费用、场地、相关手续办理等方面，所以在分进度表中要明确市场需求调查向谁调查、怎么调查、需要多少时间。费用的计划要尽可能周详，包括支出和收费两部分，其中支出主要有场地租费、广告宣传费、人工费、资料费、展位物料费和其他杂费等，收费包括展位收费和广告收费，其中展位收费可以先划分展位类型和大小，例如"光地""标准型"等，再确定单位面积的费用标准。涉外会展还应区别国内外的企业，制定国外企业收费标准，费用计划还要明确《参展商手册》上的广告招租，包括封面、封底、内页等部位的具体价格，明确参观券、水座、胸牌、拱门、手提袋、会场横幅的价格等。最后关于场地的位置，办展所需办理的相关手续有哪些、需要的时间等都应列在计划的分进度表中，注明每个任务完成的具体时间。需要提醒的是，在计划表中应把截止日期留得宽裕一些，以防特殊情况,那些一旦超时就会引起连锁反应的关键步骤更要注意。

2.招展

招展在计划订出后即可进行,通过时间进度表对会展招展工作进行有效监督和控制,包括何时启动、何时结束、用时多长等等。在时间上对招展工作进行合理的安排,合理把握会展招展工作的时间节点,有时根据实际,可以灵活调整招展策略和时间安排,如有必要可加大招展力度,保证在预定的开幕时间之前圆满完成招展任务。进度表还要注意给展商留有足够的时间余地,这一方面有利于展商备展,另一方面也有利于会展主办方收集整理往届会展的参展企业名录,登记注册本届会展参展企业,从而制作翔实全面的参赞商手册和服务说明书等等。一般招展这一步骤应在会展开幕前半年甚至更早的时候就开始进行。

3.招商

招商主要是招采购商、经销商、代理商和专业观众,一般通过发布信息、举办活动来吸引目标观众,在进度表里要明确发布信息的时间和方式以及举办活动的具体安排。招商可以持续到会展中,一般认为会展的举办期间都是招商时间,因为会展开幕后需要保持足够数量的有效观众到会参观,所以招商在展前展中都可以进行,展前以招采购商等专业观众为主,展中以招普通观众为主,对专业观众还应统计其数量信息,以便于在宣传阶段使用。成功的会展都是通过持续招商来保证其最大效果和影响的。

4.宣传推广

这一步在计划订出之后开始实施,基本和招展招商同步。起点上与招展同步,因为会展宣传宜尽早;终点上与招商同时,是为了争取更多的参观人数。宣传推广包括形象塑造、会展筹备、协助工作和培训工作。根据宣传推广的整体时间来确定几个环节的具体时间进度,其中形象塑造和相关筹备工作要先做,用时也会比较多,培训和协助工作投入时间相对较少。宣传文案是形象塑造很重要的部分,撰写时需要注意的是,第一,文案应有明确的展览主题和目标;第二,介绍本会展举办历史及取得的荣誉、具有的社会影响等;第三,介绍上届参展商和专业观众情况以及举办的特色活动等。这样就为宣传对象勾勒出一个清晰的会展形象,再配合其他形式的广告和实物,使会展形象更丰富、更完美。培训在会展开幕前和开幕初期进行,主要是接待礼仪培训,为期3～5天即可。协助工作是在相对空余的时间里,配合业务代表和宣传代理机构更好地为会展服务。

5.会展服务

这一步中,首先制定工作时间表,表中应包括:租赁、交通运输、仓储安保、住宿餐饮、保洁等内容。会展开幕后还要有所有现场服务的时间表,比如材料管理、清洁工作、地毯租用、展台装饰和电脑装配等。在实际工作中,还可以列一张关于现场工作详情的清单,包括在前台领取资料和会议通行证,在每个服务台核对现场服务的订单,监督展台布置,新闻稿的制发,安排员工培训,签订下届展位租赁合同等。这些工作都有明确的时间限制,所以在制订计划表时不是以天为单位来计算,而要精确到小时。其次针对专业观众如采购商、经销商安排好论坛、采购说明会、成果展示会、技术交流会等活动。会展服务涉及的方面很多,在列表时要尽可能全面,时间上快慢松紧要适当,比如参展商服务说明书的制作要快,而保洁工作的时间要求就松一些。规范高效的会展服务能让展商和客商切实体会到会展的品质,相比于宣传推广,这更有助于塑造会展形象、提升会展影响力。

6. 布展

会展开幕前应及早制订好展厅、展台的布置搭建计划。根据展厅情况估算出完成布置安装所需的时间,然后列入分进度表,按照时间逐步落实。如果必要的话,布展可以外包给专业公司,比如选择展览设备安装公司。如果这样就需要在展前一个月左右和他们联系,就项目、价格、时间等进行洽谈,保证开幕前完成布展。

7. 撤展

撤展大多是在会展结束的当天和第二天进行,时间一般较短。为了在会展结束后尽快向租赁方归还场地,主办方应在《参展商手册》中说明,要求他们在规定时间内,向主办方归还租用的物品和设备,并做好资料和展品的撤离工作。另一方面,主办方也要制订自己的撤展方案,主要考虑场地和展位的拆除时间、材料设备的重新包装时间、物品的运输时间。运输要考虑选择最经济的方式:人工还是车辆;自运还是物流;公路、铁路还是水运等。如果材料设备较多需要运输公司承运,就要事先联系好,并告知他们所装运的材料设备的数量、大小以及地点和时间。

8. 评估

评估在会展末期进行,用2～3天的时间,大致分三步实施。第一是向参展商、客商和观众发放问卷调查表;第二是回收整理问卷、统计数据;第三在清点展品和设备、进行财务审核的同时撰写会展分析,总结经验,寻找不足,并提出改进建议。时间安排上可以一天完成一个环节。闭幕并不意味着结束,评估结束会展才算真正结束。

会展工作头绪多、涉及面广,只有合理安排会展的各项工作,做好总时间表和分进度表,在进度上紧密衔接、统筹协调,才能保证会展的顺利进行。

第三章　会展运作方案

第一节　招展方案写作

一、招展方案的定义

一次成功的会展是一个系统工程,而招展方案的写作无疑是举足轻重的重要环节。它也是在会展调研、策划的基础上,对即将举办的会展展位营销所做的总体性规划,是展位营销的总体部署和具体执行安排。其目的则是要向可能参加会展的参展单位说明本次展览会的宗旨、性质、规模、时间、地点、参展条件、参展费用及待遇等各方面事宜。

示例 3-1-1

第二届中国(河南·郑州)绿博会汽车产业新能源绿色科技展览会招商方案

展会主题:让绿色融入我们的生活

举办时间:2010 年 9 月 26 日至 2010 年 10 月 5 日

举办场馆:第二届绿博会汽车产业新能源绿色科技主体园区综合展览中心

所在地址:河南省郑州市

所属行业:绿色科技/新能源

主办单位:全国绿化委员会、国家林业局、河南省人民政府

★ 承办单位:河南省绿化委员会、河南省林业厅、郑州市人民政府

★ 汽车展承办单位:河南汽车网、河南汽车展组委会

推广背景

中国绿化博览会是我国绿化领域组织层次最高、参展范围最广、影响力最大的绿色盛会,也是我国绿色产业和生态文明建设成就展示的博览盛会,被誉为中国绿色领域、绿色产业的"奥林匹克"。中国绿化博览会(以下简称绿博会)是我国绿化生态领域和绿色产业组织层次最高的综合性盛会,享有

"绿色奥运会"和"小世博会"之称,每五年一届。由全国绿化委员会、国家林业局、河南省人民政府主办的第二届中国绿博会将于 2010 年 9 月 26 日至 10 月 5 日在中国郑州隆重召开。其特点是:规模大、档次高、规格高、参与广。

本届绿博会是在全球应对气候变化和我国生态文明建设之大背景下召开的。旨在彰显"责任、绿色、环保、和谐、创新"理念。相较于第一届绿博会时期,本届绿博会所承载的时代精神和责任更加重要、意义更加鲜明。河南省人民政府明确提出要举全省之力举办一届"中国一流,世界有影响"的绿色盛会。届时会有 200 多名省部级和厅局级领导与会,国务院副总理回良玉将出席盛会。郑州·中国绿博园占地面积 2939 亩,其中有法国、非洲、南美(风情园)、日本、韩国、俄罗斯以及澳门地区和各省、自治区、直辖市、计划单列市、全国绿化模范城市、中央直属部门和国内大型行业、河南省古都城市和园林绿化企业共建 94 家特色园林。

在绿博会举办之前,通过十几项大型宣传活动宣传绿博会,国家、省、市三级 20 多家主流新闻媒体和郑州市户外广告媒体广泛传播绿博会。届时,直接参观者每天达 3 万~10 万人次,全国受众将达数亿人次。

政府搭台,企业唱戏。21 世纪是绿色的世纪,无论是什么企业都在倡导绿色,通过第二届中国绿博会,力争发现一批绿色产业,打造一批绿色产业,推动一批绿色产业。贵企历来十分注重企业文化和自身形象建设,尤其是现在,绿色则是构筑企业文化、展示形象的极好内涵。蓝天在减少,风沙在施虐,气候在变暖,从巴厘岛路线到联合国气候峰会,再到哥本哈根;从经济到政治,以气候变暖、绿色文明、生态文明、低碳减排为主题的热点话题席卷着整个世界。为此,我国近年来大力倡导"绿色汽车"和"低碳汽车",与本届绿博会的理念是一致的。

第二届中国绿博会恰逢"十一"黄金周在郑州召开,将全方位、多角度展示全国各地绿化领域、绿色产业和生态经济的新成果、新产品(汽车产业是其中之一),同时将举办 10 多项大型公关活动、赛事,能很好地构筑一个企业与企业、企业与政府、企业与媒体、企业与消费者人群的健康、绿色、环保的交流平台,是汽车企业公关的良机。

市场分析
新能源车型是将来巨大的潜在市场

近年来,从排放标准到消费税,从购置税到节能汽车,从汽油车到新能源车的推进过程,无不将环保的进化历程表现得淋漓尽致。

汽车展区"绿色低碳"和"节能环保"。本届车展以"绿色·科技·责任"为主题,大力倡导节能减排、科技创新的理念。当汽车业发展到如今的这个岔路口,科技创新开始向着更有利于人类可持续发展的方向迈进。同时,在本届车展上,我国绿色自主创新品牌的战略调整和技术创新,也为我国汽车行业新能源汽车的建设起到了积极的促进作用。

展会日程

(一)2010年4月,发布招商广告;

(二)2010年4—7月,组织商家报名;

(三)2010年7月,资格审查、签订有关合同;

(四)2010年8月,展销类划分展位;

(五)2010年9月15—25日,参展单位布置展位。

(六)2010年9月26日至10月5日,组织展会。

展会地点　郑州绿博园,地址:万三路(规划的新107国道)以东、中央大道(规划)以南、郑开大道人文路向南1000米。

展区划分　四大展区:品牌整车区、汽车用品区、综合服务区、电动汽车区
展品范围　汽车、电动车、自行车、绿色节能车、旅游观光车、汽车用品

配套活动

• 展示活动:新车上市仪式、汽车(4S店)用品采购会、汽车用品折扣会、大型开幕式等

• 互动活动:新车试乘试驾活动、幸运大抽奖、车技表演、汽车博客大赛活动、汽车竞价拍卖活动、供需方交流、交易联谊、地区"十大年度车型与十大品牌经销商"评选活动。

绿博之星、绿博广场文化活动,"绿博杯"全国青少年征文、摄影……废弃物再利用设计大赛有奖征文……"绿博之星"(绿博天使)……"相约郑州看绿博"大型笔会……市民在行动

参展理由

郑州斥资30亿建设主会场郑州·中国绿化博览园。位于郑汴产业带南2公里以南、贾鲁河以北,西临万三公路(规划中的新国道107),北临中央大道(规划),东至中牟县人文路(规划),南至冉老庄村北,面积约2939亩。该区域道路网络密集,交通便利;属于郑汴产业带规划的绿化隔离带,也符合建设大郑州东新区的发展方向,从规划上符合现有城市规划;立地条件适合建园,土地性质属于国有林地,建设绿博园主体用途仍是林业用地,不改变土地性质,可操作性强,也能节约时间。

郑州绿博园将分为"一湖、二轴、三环、八区、十六景"。绿博会后绿博园将作为郑州市民的后花园。园内由国际展区、国内(省、区、市)展区、部门(行业)展区、绿化模范城市展区、特色园区等室外展区和室内展区组成,全面展示世界、祖国各地不同风光和绿色风景。据了解,绿博会期间同时将举办绿色论

坛,中原国际民间插花艺术比赛,国内外苗木、花卉、园林绿化机械新产品的展览展示,盆景奇石展,书画摄影展等活动。

11类展销共设标准展位1800个,展销地点:绿博园中央大道东连栋温室展区7000平米,连栋温室外展棚展区33000平米。展区面积共计40000平米,展览会规格高、规模大。

展览会由政府主导,旨在借助绿博会的平台提供一个政治、经济、文化、科技交流平台,促进各地经济发展。因此,企业借绿博会之平台提升自身形象和扩大其影响力是一个千载难逢的机遇。

相较于一般展览会规格低、投资小、宣传力度不够、覆盖面狭窄,达不到商家提升品牌效应、扩大影响力、开发新市场、销售成交等目的。此届绿博会大型综合展览的优势在于:

(一)政府领导重视,投入大量人力、财力、物力,保质保量完成展会硬件设施建设和宣传工作。由国家林业局局长贾治邦、河南省省长郭庚茂任主任的组委会提出要把此次绿博会办成"中国一流,世界有影响"的盛会,在绿博园建设上政府投入了30多个亿,建设将近3000亩绿博会园区。广告宣传上投入1个亿,在河南本土就直接给予5000万广告支持。届时,国务院副总理回良玉以及国家相关部委领导都将出席开幕式,可见中央领导对此次博览会的重视程度。

(二)正值"十一国庆黄金周",人流量大,人流集中,参展效果显著。博览会开幕时间:2010年9月26日至10月5日,正值一年黄金时段,参展园区来自法国等国外参展团体,全国各省市有88个特色园参展。通过不同途径强势宣传,一方面全国各地的商家代表团和普通游客都会来到绿博园参观;另一方面,对于河南当地企业、商家和市民来说,这是在家门口举办的绿化盛会,各地特色园都会把当地最具特色的一面浓缩展现,"游绿博"就等于到全国各地旅游,"游绿博"就等于饱享各地文化大餐和民俗风情大餐。参加此次大型综合展览会不但可以了解到全国各地的市场现状,更能借助展会平台寻求到新的合作伙伴和潜在客户,这足以保证商家参与此届展会的卓越效果。

(三)地处中原腹地,地理、交通优势明显。北临郑开大道,南临310国道,距郑州市中心19km,周边干线道路有京珠高速、连霍高速、郑民高速、郑开大道、商鼎路、人文路等。处于"六横六纵"和"一极两圈三层"城乡交通网络核心区,地理环境优越,交通便利。届时开通绿博会专线快捷公交,规划绿博会线路指引,确保绿博会的交通畅通,为博览会和展会的成功举办提供良好的外部保障。

媒体合作推广

为确保此次展览会的成功举办,在政府相关部门的组织领导下:

1.利用以下媒体强势宣传:中央电视台1套、中央电视台2套、中央电视台4套、中央教育频道、凤凰卫视、河南卫视、郑州电视台、都市频道、《人民日报》《河南日报》《大河报》《郑州日报》《郑州晚报》《中国绿色时报》、新浪网、新华网、大河网、中国林业网、河南汽车网。

2.做好本土宣传。在郑州市内,利用公交车体、每户一册绿博会宣传手册、每个小区张贴绿博会宣传海报、市区大型LED视窗广告等手段,在让市民深入了解绿博会的同时也把此届展览会提到了一个更高的台阶。

3.严密组织,确保落实。绿博会执委会从制订计划、市场调研、展位选择、展品征集、客户邀请、展场布置、广告宣传、组织成交直至展品回运,形成了一个互相影响、互相制约的有机整体,确保了此次展览活动的效果。

如此大规模、大面积的宣传造势,如此严谨的组织领导,必将把此届展览会办成"商家满意、顾客放心、效果一流"的高级别商业盛会。

参展费用

- 标准展位:4800元/个,3×3标准展位面积。
- (100m² 起租,提供大型标准展篷及有偿特装)

广告费用

参展企业刊登会刊黑白文字简介免费,刊登广告另行收费(收费标准资料备索)。包括场馆广告(展馆内外平面广告、条幅广告、气球广告、旗帜广告、灯箱广告、充气拱门广告)。

为了使参展企业获得更加突出的参展效果,主办单位在展场内外、展场周边地区和市区主要街道设立了样式各异的广告位。具体事项及收费标准详见《广告项目册》。请于2010年9月20日前将有关材料报组委会,截稿期为2010年9月20日。

参展商可享受以下免费服务

- 官方网站 www.hn7c.cn 全面报道最新产品,免费提供网上预展;
- 授"第二届绿色博览会,河南汽车网推荐经销商铜牌一面,铜牌有绿博会标志及河南汽车网标志";
- 免费索取足够量印刷精美的《参观邀请函》,邀请您的重点客户;
- 出席展会开幕式及晚宴,接触政府官员、VIP客户、相关专业人士,商机无限;
- 为贵公司量身打造品牌推广计划,展前资讯中及时报道其品牌及产品相关资料等;
- 在会刊上刊登公司展品中英文简介,并在申请后提供您及您的客户足够量会刊;
- 在《会刊》中刊登企业简介、在《参观指南》中列示公司名称和展位位置等资料；

- 提供《参展商手册》，详细说明参展相关细则；
- 按照展位面积赠送一定数目门票；
- 提供环境幽雅、设施服务齐全的商务洽谈区，以便您更有效地开展业务；
- 提供相关卡、证及应急、救护等专业服务；
- 绿博园管理方为商家提供优良的工作环境；
- 绿博园管理方为商家提供系列化管理服务；
- 绿博园管理方为展销类商家免费提供水、电、三面围板、门楣、射灯两盏、桌子一张、椅子两把，为经营性商家提供便利水、电服务和优良管理服务；
- 展会期间，为商家工作人员办理入园工作证，免费赠送入驻商家绿博园门票3～5张；
- 展会期间，参加展销的商家不再承担展位费以外的任何费用；
- 活动期间，中国第二届绿化博览会执委会组织评奖活动，对获奖展销商家给予物质奖励，颁发证书；
- 展会结束后，信誉良好的商家，可以优先成为绿博园招商项目入驻商家；
- 展会结束后，信誉良好的商家，可以优先成为绿博园长期合作伙伴；
- 信誉良好的商家，合同到期后，在同等条件下，可以优先续约。

有偿服务项目

1. 特装展位费用八折优惠；
2. 获赠会刊内页整版彩色广告一页；
3. 成为展会 VIP 展商，拥有享受媒体宣传、出席活动等服务的优先选择权利；
4. 《参观手册》上将印放贵公司产品简介，于展前免费派发至目标消费群体手中；
5. 贵公司产品及图片将收入车展官方网站 lbh.hn7c.cn 首页"展商推介"栏目中，打造海外推广平台，延长展会时效；
6. 车展官方网站 lbh.hn7c.cn 报道贵公司最新动态，为您提供商务洽谈预约服务。

征求冠名及赞助单位

为便于厂商全面宣传企业形象，扩大品牌的知名度，提高产品的市场占有率，组委会特开展展会冠名及赞助征求活动，获得冠名权及赞助权的单位将得到丰厚的回报。贵单位若有意参加，请与组委会取得联系。

（详见组委会《赞助与推广计划》）

参展程序

1.申请单位请填妥"参展申请表"内的各项内容并加盖公章后,邮寄、电子邮件或传真至组委会;

2.我们收到"参展申请表"后,会给您发去30%订金的账单;在您将订金汇入账单中指定的账户后,请将银行出具的汇款凭证复印传真给我们;

3.待30%的订金收到后,我们会再给您提供一份确认参展性质的文件,并根据距离展览会开幕的时间,将需支付的余款的账单发给您;

4.余款于2010年9月20日前付清。我们会将《参展商手册》等展会资料提供给您;

5.各单位在报送"参展申请表"时,请寄送展品样本或说明书,以便划分展区和开展展前宣传工作;

6.请您注意,如果你取消参展,您支付的订金将不予退还;

7.展会分配实行"先申请、先付款、先分配"的原则,特殊情况下,组委会保留调整部分展位的权利;

8.如遇不可抗力,组委会有权依法取消或变更展会时间,解释权归组委会所有。

联络方式:

河南汽车网

地址:郑州市花园路×××号

邮编:450000

电话:0371-63500×××

传真:0371-63500×××

E-mail:×××@hn7c.cn

官方网站:lbh.hn7c.cn

联系人:甘×× (手机:××××××××××××)

　　　　王×× (手机:××××××××××××)

注:如2010年9月15日前,还未收到参展确认书者,请及时与组委会联系。

为使您的参展工作更顺利并能得到更好的服务,更详细资料请登陆官方网站查询。

从上面所引用的这个招展方案的范例中我们可以看出,一份完整的招展方案应当包括这样一些主要内容:

1.产业特点介绍;

2.展区和展位的划分;

3.招展价格；

4.招展分工；

5.招展函的编制与发送；

6.招展代理；

7.招展宣传推广；

8.展位营销办法；

9.招展预算；

10.招展总体进度安排。

正是通过这样一些内容的介绍，一份合格的会展招展方案就向招展对象提供了必要的和足够的信息。因此，在写作会展招展方案时就必须尽量将这些内容依次容纳在内。

二、会展招展方案写作规范

一份完整的会展招展方案需要解决与会展实际相关的许多现实问题。在撰写过程中就需要充分考虑展会本身的需求以及力图达致的目标。在这样一个前提下，努力提供规范的招展方案文件就是一个系统性的工程。而将其每一步作分解则是一个可行性的方案。

1.产业布局特点介绍

从产业的高度介绍分析会展题材所在行业的经营环境、分布特点和发展愿景，介绍行业内的企业机构状况、分布情况和优劣态势。

2.展区和展位的划分

为保证会展招展方案投放对象能够迅速地了解会展概况，可以用平面图或者表格等多种形式对展区和展位进行划分，同时介绍具体安排情况，以便参展方掌握。

3.招展价格

标明会展招展价格，即制定该价格的依据。

4.招展分工规划

对会展的招展分工做出具体的安排和规划，从细部上看就有招展地区分工、招展单位分工、本单位内招展人员及分工安排等各组成部分。

5.招展函的编制和发送

统筹、介绍招展函的内容、编制方法和发送范围、发送方式。其中还包括招展函的印刷数量、派发范围以及投递方式等，这些均需在编制计划时予以考虑。

6.招展代理

对会展招展代理的选择要遵循一定的原则。具体可以从这几个角度考虑：所选代理商对象应该对于展会有一定的客户基础；要熟悉展览会各项工作的运作和相关的专业知识；代理机构要有良好的信誉；合作者的办展理念相近。

7.招展宣传推广规划

招展宣传推广是为促进会展更好地招展而有目的、有针对性地举行的一些宣传推广活动，这些宣传推广活动是围绕着会展招展基本策略和目标而制订的，有很强的协调配合性。因此做好规划是保证会展招展成功的关键步骤。

①招展宣传推广的渠道：如召开新闻发布会、与传媒合作软文发布，特别是网络时代要善于借助网络推广等；

②招展宣传推广的策略：包括宣传推广的立足点、要点、亮点，即要突出展会的独特之处，以达到引人关注的目的；

③招展宣传推广的时间、地域安排以及经费预算：大致来说要做到因地制宜，有的放矢，还要量力而行。

8.展位营销办法

提出适合本会展展位营销的各种途径、具体方略以及实施细则，对参与招展的工作人员各司其职做出指引。

9.测算招展预算

招展预算是在前述各项招展工作均安排就绪的基础上，对招展过程可能需要的相关费用支出做出提前规划。这些费用主要包括：①招展工作人员的费用，可能涉及的是工资、加班支出、差旅费及必要的办公费用；②招展资料的设计、制作和投寄的费用；③招展电话、传真、网络等费用；④为招展提供支持的宣传推广费用；⑤招展代理费用；⑥招展公关活动费用；⑦其他支出费用。

10.招展总体进度安排

招展进度计划，是指在招展工作开始实施之前，就对其在时序和效果上做出的统筹安排和总体布局，主要解决的是不同阶段的细节性活动以及活动目标，还包括相应的负责人等安排。

三、撰写会展招展方案的指导原则

1.要对招展工作具有指导意义；

2.要有针对性地满足具体招展机构的需要；

3.能够做到重点突出，具有可操作性；

4.信息覆盖完整，语言表述专业。

案例分析

温州国际皮革展览会招展方案

时间：2012 年 8 月 30 日～2012 年 9 月 1 日

地点：浙江省温州市国际会展中心
主办单位：中国塑料加工工业协会
承办单位：温州德纳展览有限公司
协办单位：中塑协人造革合成革专业委员会 温州市合成革商会

一、背景

中国（温州）国际皮革、鞋材、鞋机展览会（简称"温州国际皮革展"）经过十几年的品牌积累和近几年的飞速提升，已从最初的稚嫩，变作现在的步伐矫健，昂首阔步，成为中国目前规模最大和品种最全的皮革暨制鞋工业类展览会。

2012年8月，第17届中国（温州）国际皮革、鞋材、鞋机展览会在温州国际会展中心再度重装出发，展出万种皮革、鞋材、鞋类化工、鞋类五金/配件、制鞋机械、CAD/CAM系统等产品。我们将继续恪守温州国际皮革展的专业性并拓进展会的转型与升级。因为我们作为专业的皮革暨制鞋工业类展览会组织者，一如既往地相信，这种努力、恪守和拓进在转型、发展的中国是有价值和必需的，我们将以切实有效的展会效应为行业的健康、持续、稳定发展竭尽全力地贡献自己的绵薄之力。

一切始于足下，步步要有亮点。2012年，顺应全球经济运行趋势向好，国内市场需求稳步上升的新形势，本届展会将充分发挥温州作为"中国鞋都"、"中国皮都"、"中国合成革之都"的产业基地优势，发达的制革制鞋产业基础和高效的贸易平台，将让参观商与参展商的沟通与对接不仅仅只是停留在展会现场的接洽，还延伸到展会之外——工厂/公司，做更深入和贴近彼此需求的接洽与合作。此外，在"加快利用科技创新改造和提升传统产业，实现产业转型升级"成为行业共识的背景下，我们将围绕"科技创新、低碳环保"这一时代主题，在展会现场重点展出各式新开发的环保型鞋用材料、皮革产品以及高精密、低能耗的机械设备等。

放眼2011年，第17届中国（温州）国际皮革、鞋材、鞋机展览会将以温州为枢纽，面向全球及全国，形成对内对外窗口，同时依托温州强大的鞋革产业链及对周边地区的辐射作用和影响力，为各路商家提供更为高效的贸易平台，将国外优秀的产品和技术引进来，将中国的鞋革产业成就进一步扩展到全国和全球。

第17届中国（温州）国际皮革、鞋材、鞋机展览会总展出面积将会达到40000平方米，我们将面向国内各省（区）、直辖市、港澳台，以及伊朗、印度、意大利、英国、德国、葡萄牙、波兰、墨西哥、美国、日本、斯里兰卡、土耳其、韩国、巴西、印度尼西亚、巴基斯坦、西班牙、俄罗斯、瑞士、埃塞俄比亚等60多个国家和地区。本次皮革展区将集中各地的天然皮革企业，鞋材鞋化展区汇集中国几大制鞋基地——广东、福建、浙江温州及国内其他省份和地区的参展企业。

二、展区和展位划分

本次展会的展位设置超过 1400 个,是华东地区迄今最大、展品最丰富的皮革界专业盛会之一,展会共分台湾机械厅、国际鞋材化工厅、国内鞋材化工厅、综合厅、国际机械设备厅等七个展厅。

1. 标准展位

规格:3m×3m

①所租用场地及地毯　　　　　②楣板一块(双开口,提供两块楣板)

③展椅两把　　　　　　　　　④220V 电源插座一个

⑤三面间板　　　　　　　　　⑥方桌一张

⑦射灯两只　　　　　　　　　⑧纸篓一个

2. 精装区

规格:3m×3.5m

①所租用场地及地毯　　　　　②楣板一块(双开口,提供两块楣板)

③三面间板　　　　　　　　　④220V 电源插座一个

⑤展椅三把　　　　　　　　　⑥咨询桌一张

⑦洽谈桌一张　　　　　　　　⑧射灯三只

⑨层板三副

3. 国际区

规格:3m×3m

①所租用场地及地毯　　　　　②楣板一块(双开口,提供两块楣板)

③展椅三把　　　　　　　　　④220V 电源插座一个

⑤三面间板　　　　　　　　　⑥咨询桌一张

⑦射灯三只　　　　　　　　　⑧洽谈桌一张

⑨3 副层板(或组合挂皮架)

4. 光地

①36m^2 起租

②所租光地展位均不含任何配备展具及不配备地毯和电力电源,参展商必须另行申请电力电源。

③展位搭建最高高度为 4.0 米。

三、招展价格

展馆:标准展位(3m×3m),加大展位(3m×4m),光地(36m^2 起租)

1 号馆鞋材/鞋化品牌馆

普装区:7800 元/展位、9800 元/展位;800 元/m^2

2 号馆国际皮革/鞋材/鞋化馆

国际区:15000 元/展位、20000 元/展位:1500 元/m²

精装区:9800 元/展位(3.5m×3m)统一装修

普装区:7800 元/展位、9800 元/展位:800 元/m²

5/6 号馆国际鞋机馆

A 区:9800 元/展位,1000 元/m²

B/C 区:7800 元/展位,800 元/m²

四、招展分工

按照最低标准 1400 个标准展位进行计划分配,在工作计划分配中,按最低招展指标和常规指标列出地区/社团招展任务计划(见下表)

华中地区:湖北、湖南、河南
华南地区:广东、广西、海南
华东地区:福建、江苏、安徽、浙江、江西、上海
华北地区:河北、内蒙、山东、山西、北京、天津
东北地区:黑龙江、吉林、辽宁
西北地区:新疆、西藏、青海、甘肃、陕西、宁夏
西南地区:云南、贵州、四川、重庆
港澳台地区:香港、澳门、台湾
国际地区:伊朗、印度、意大利、英国、德国、葡萄牙、波兰、墨西哥、美国、日本、斯里兰卡、土耳其、韩国、巴西、印度尼西亚、巴基斯坦、西班牙、俄罗斯、瑞士、埃塞俄比亚等 60 多个国家

五、招展代理

温州德纳展览有限公司。

六、招展宣传推广

在提升平面媒体、网络媒体、综合媒体、展会宣传、特色区域等传统宣传方式以外,将加强高端宣传投放力度,如在全国各大制革、制鞋产业聚集地以及所辖高速公路等地投放高炮广告和大型户外广告,投放动车杂志广告,举办新闻发布会等。

1.我们可以通过总站信息库、互联网、公司现有数据库,获取有关专业观众的联系方式,工作人员就可以直接将 32000 份的邀请函发给专业观众。

2.通过在网上建立一个我们展会的网站,在互联网介绍我们展会的各方面信息,如本次展会的特色、展会的内容、展会的规模、展会活动等,可以方便所有人群进行详细浏览。

3. 选择 CCTV2 以及浙江、广东和福建等地的电视、报纸和杂志宣传中国（温州）国际皮革、鞋材、鞋机展览会的举办时间、地点、内容等有关事宜。

4. 海报做成露天广告牌，以海报的美观设计吸引人的眼球，可以贴在一些公交车上，让人在乘车的时候也可以注意到我们展会的有关信息，让人关注到这次展会，引起人们的兴趣。利用横幅协助我们的主题和口号做展会的宣传。

5. 主要媒体选择：

七、展位营销办法

1. 关系营销；

2. 合作营销；

3. 网络营销；

4. 公共关系营销。

八、招展预算

序　号	项　　目	金额（单位：万元）
	总收入	2780
一	展位费收入	1400
二	资源开发总收入	300

续表

序　号	项　目	金额(单位:万元)
1.	广告:会刊费50万元 回廊广告20万元 广告旗30万元 室外墙面广告30万元 楼梯转弯广告20万元	150
2.	赞助商10家×80万元/每家	800
三	展具租赁及其他服务净收入	50
1.	展具租赁	80
2.	其他服务	30
	总支出	1994
一	招展招商费用	400
二	宣传广告费用	600
三	总体特展费用	170
四	场馆及后勤配套费用	240
五	标摊搭建及地摊费用	100
六	开幕式费用	170
七	招待会费用: 接待场所租赁50万元 茶水20万元、服务费14万元	84
八	人员及间接费用	130
九	不可预计性费用	100
十	总收入与总支出的差额	786

九、招展总体进度安排

步　骤	具体工作内容
报名	可通过电话、传真、网络及来人等方式进行报名。 获取展会相关资料,详细了解展会情况及要求。 填写《展位申请表》或在线申请展位,于2012年7月15日之前提交组委会(传真:0577-88901788,E-mail:shoetech@donnor.com)。 备注:请详细、真实地填写展位申请表,必须填写中英文企业名称(用于制作展位楣板)

续表

步　骤	具体工作内容
审核	组委会将在收到报名资料的 3 个工作日内进行审核
选位	根据展会总体进展情况,结合企业实际情况,与组委会确定展位的面积及具体位置。 原则是先申请、先付款、先预定。
定展	与组委会签订《参展合约书》
交款	展位确认后一周内汇 50% 展位费作为展位预定金,余额于 2011 年 7 月 20 日前全部付清。 参展商在汇出各项费用后,请将银行汇款单复印件传真至组委会(0577-88901788)以便核对。
索取资料	领取《展位确认书》、《参展商服务指南》(可登陆网站下载)
落实参展具体事宜	参展企业按照《参展商服务指南》的说明内容,在规定的时间内提交各种表格即可享受组委会提供的配套服务。 参展单位可联系组委会推荐的展位搭建商、运输商及其他服务商,落实参展的各项准备工作(参展单位也可自行确定其他非组委会推荐的服务商,但请这些服务商务必尽快与组委会联系,咨询相关规定)。 参展商制定的展台特殊装修和现场活动方案以及其他特殊要求,提前提交组委会。
布展	2012 年 8 月 24—25 日 8:30—17:00,凭参展商企业名片、《参展合约书》、缴费清单复印件,到温州国际会展中心大会组委会办公室报到,待组委会财务确认缴清参展费用后,即可领取参展证及有关资料。 特装展位搭建商如需领取布展证、申请加班需与温州国际会展中心服务部联系(电话:0577-88135173/88135127)。 展馆保安部门将凭布展证、参展证给予进场布置展位。
展出	2012 年 8 月 30 日—2012 年 9 月 1 日,参展商携带展品进行展出。 组委会为参展商提供本届展会会刊。
撤展	参展商按照组委会事先指定时间内撤离展馆
展后	组委会为参展单位提供展后报告及其他相关资料

　　分析提示:从上面这个典型案例可以看出,这是一个专门针对专业性展会编写的招展方案,该方案一个比较明显的特点是符合我们前面所提到的各个组成部分的写作规范,也较好地贯彻了招展方案的写作原则。

四、会展招展方案的文本结构

1.标题

会展招展方案的标题有两种写法:一种由展览会的名称和固定的"招展方案"

文字组成,如上面案例分析中的《温州国际皮革展览会招展方案》就是典型做法;一种采用公文标题的形式,即包括发布机关、发布事由(通常即展览会的内容)和"公告"组成,如《第×届西湖博览会组委会关于第×届西湖博览会参展参会有关事项的公告》等。

2.正文

会展招展方案的正文部分首先需要较为详细地介绍展览会的名称、主办者、主办动机和当前背景(也包括历史成就)等,然后以较为固定的过渡性语句引出下文。一般而言,由于正文部分涉及内容较多,为方便阅读者尽快掌握各个要点,主体部分多采用小标题的形式逐项交代清楚,一般无需结尾。正文部分的写作一定要做到规范,要落实会展招展方案写作的原则。

3.落款和发布日期等

落款主要是署明主办者或组委会的名称。发布日期则是为了让阅读者了解招展方案的发布时间,一般要写清年月日。

第二节　招展函写作

一、会展招展函的概念界定

会展招展函是展会主办机构为了吸引参展商参展而对会展基本情况和将要达到的目标、任务等进行系统性介绍的文本。招展函是办展机构用来说明展会以招揽目标参展商参展的小册子。招展函是展会进行展位营销时主要的核心资料之一,也是目标参展商最初了解展会情况的主要信息来源。

由此可见,招展函是会展进行营销时的核心资料之一,同时又是有意参加展会的参展商最先接触会展筹备情况的信息来源,因此准备好招展函对于会展的成功举办有着重要的先导作用。

二、会展招展函的内容

为了能使目标参展商对展会有足够的了解,并对展会做出基本的判断,招展函介绍展会的内容必须准确而全面。一般来说,招展函主要包括以下几方面的内容:

1.展会的基本内容

展会的基本内容主要包括:展会名称和 LOGO、展会的举办时间和地点、办展机构名单、办展起因和办展目标、展会特色、展品范围和价格等。

(1)展会名称和 LOGO。展会的名称和 LOGO 一般被放在展会招展函封面最醒目的位置,展会的名称一般用较大的字体。如果展会是国际性的,展会的名称还包括其英文名称。

（2）展会的举办时间和地点。一般被放在招展函的封面,其中举办时间也会放在招展函的内页,只不过封面的举办时间通常是展会的正式展览时间,而内页的举办时间往往还包括展会的布展、撤展和对专业及普通观众的开放时间等。

（3）办展机构。包括展会的主办单位、承办单位、协办单位和支持单位等,有时候还包括展会的批准机构。它们一般被放在展会招展函的封面。

（4）办展起因和办展目标。简要说明为什么要举办该展会以及计划将该展会办成什么样的一个展会,对于连续举办多次的展会,对往届展会回顾也是一项必不可少的内容。

（5）展会特色。常常使用非常简洁的言语来高度概括展会的特色,如展会的宣传口号、展会的主题等,要易记易懂,易于传播。

（6）展品范围。详细地列明展会的展品范围,有时候还包括展会的展区划分,供参展商作出参展决策时参考。

（7）价格。列明展会的各种价格,包括空地价格、标准展位价格、室外场地价格等。

2. 市场状况介绍。主要包括行业状况和地区的市场状况等。

（1）行业状况。结合展位的定位,对展会展览题材所在行业的状况作简要介绍,如行业生产、销售、进出口及发展趋势等。

（2）地区市场状况。简要介绍办展所在地区的市场状况,如果展会是国际展,那么介绍中的地区范围就不仅仅是展会所在的城市和省份,它可能还包括整个国家及其周边国家。至于地区范围究竟该包括哪些地区,主要取决于展会的定位和市场辐射范围的大小。

3. 展会招商及宣传和推广计划。主要包括:展会招商计划、宣传推广计划、相关活动计划、展会服务项目等。

（1）展会招商计划。简要介绍展会,计划邀请专业观众的办法、范围和渠道。

（2）宣传推广计划。简要介绍展会宣传推广的手段、办法、范围和渠道以及展会计划扩大其影响的措施。展会宣传推广计划是参展商比较关注的项目,需要详细列明。

（3）相关活动计划。简要介绍展会期间将要举办哪些相关活动,各种活动的举办时间和地点以及参展商参加活动的联系办法等。

（4）展会服务项目。招展函还要告诉目标参展商,如果参展,将能从展会获得怎样的服务,这些服务包括展会提供的各种有偿服务和免费服务等。

4. 参展办法。主要包括如何办理参展手续、付款方式、参展申请表和办展机构的联系办法等。

（1）如何办理参展手续。告诉目标参展商,如果要参展,将怎样办理参展手续。

（2）付款方式。列明展会的开户银行、开户名称和账号、收款单位名称、参展商参展的付款办法、应付定金的数额和付款时间等。

（3）参展申请表。预留参展商参展申请表，一旦目标参展商计划参展，就可以填写该表并传真给办展机构预订展位。

（4）联系办法。列明办展机构的联系地址、电话、传真、网址和 E-mail 等，供目标参展商联系之用。特别要指出的是，随着各种社交媒体的兴盛，展会的官方微博、微信公众账号等都应予以重点和突出介绍。这些既能有效地与参展商进行实时互动，又能经济地配合做市场推广。

（5）各种图片或图案。除以上内容外，招展函还会有一些图片和其他图案，如展馆图、展馆周边地区交通图、往届展会现场图片等。如果有需要，有些招展函还对展馆作一些简要介绍。这些图片既可以对展会相关情况做进一步的说明，也可以起到美化招展函的作用。

三、会展招展函的写作规范

正如前面已经特别提到的，每一个会展都是一项系统工程。而招展函的内容涉及范围广，因而也会显得繁杂，由此更需要对其内容、图片乃至版面等做细致的规划和安排，以期招展函在会展招展过程中发挥应有的功能和作用。

具体而言，招展函写作应当遵循以下规范：

1. 内容全面准确

多数参展商是通过招展函来最初接触会展的，招展函就是他们做出参展决策的重要参考资料。换言之，招展函是会展主办方与参展商之间沟通的第一座桥梁，因此，招展函所涉及的内容一定要全面、准确。这里所说的全面、准确不仅体现在内容的条目上，而且也体现在写作过程的语言表述上。

2. 简单实用

招展函是一种应用文本，这就决定了写作要注重简单实用，与会展招展无关的内容则无需牵扯其中。

3. 美观大方

招展函同时也是一张投递出去的名片，在版式安排、图片应用、文字布局上都要讲究美观大方，字体字号也要适应人们的日常阅读习惯。

4. 便于传递和携带

由于招展函一般是以邮寄、快递或者工作人员携带等方式来扩散、传播的，因此在写作和制作过程中要考虑到这些因素，讲求邮寄或携带的便利性。

四、展会招展函的组成与写法

1. 封面

一般来说，展会招展函的封面会显示此商务函的性质。它可以根据发送对象的不同分门别类地撰写与制作。普通的函件封面会以本次会展活动的名称、主题、主办方名称、会展时间、会展地点等内容为核心;而特殊类别的函件则在封面上只注明会展组织者或项目的名称、受函机构或人员的有关信息,并加注"通知""函"等字样即可。

2.标题

标题由会展活动名称和专属词如"邀请书(或函、信)"等组成。大致来说,会展活动名称可以分成三部分:基本部分、限定部分和附属部分。其中基本部分和限定部分构成会展名称的主体。如第十届中国家电产品博览会邀请信(函),所遵循的就是这样的构成方式。

3.称呼

称呼是指邀请信(函)所要投递发送的对象,主要可以分成三种形式:

(1)发送到对方单位的邀请函。这时需要写明单位名称,而且为表尊重起见,单位名称的写法需要做到完整、规范,一般不宜用泛称、简称。

(2)邀请信是发给具体个人的。那么就需要写清楚对方姓名(同样需要用全称),并且前面冠以"尊敬的"之类敬语套词,后面缀以"先生""女士"等称谓。

(3)通过网络或其他大众媒体公开刊布的邀请函。由于对象无明确指向,这时可以省略称呼,或者以"敬启者""敬告各有关单位"等统称泛指。

4.正文

正文部分按照会展布置,逐项写清具体内容。在撰写这一部分时,要尽量简单明确,言简意赅,把展会的基本情况和该展会特色及出彩之处说明清楚即可。概而言之,可以从以下几个方面入手:

(1)背景说明。举办此次展会的背景和目的。

(2)组织说明。展会活动的组织结构,包括展会的主办者、协办者和承办者等。

(3)时间地点等要件。展会的举办日期、时长、结束日期,展会的举办地等做一概要介绍。

(4)展会特色。此次展会的出彩之处。

5.落款

展会邀请函的落款,一般来说就是展会活动的组织机构名称。不过需要注意的是,此处通常需要加盖相关的印章,以示正式,证明邀请函的合法性与真实有效性。如果是多家机构联合主办或承办,则需这些机构联名签章,同时落款处还要标注出邀请函的发布时间。

6.附件部分

这一部分通常包括展会的具体内容介绍(补充前面主体部分)、回执单、管理规定及合同等。

文本范例

2012 中国(杭州)国际休闲运动产业博览会
China Leisure Sports Expo(Hangzhou)
招展函

2012 年 11 月 1 日至 4 日·杭州和平国际会展中心

2012 中国(杭州)国际休闲运动产业博览会将于 11 月 1 日至 4 日在杭州和平国际会展中心隆重举行,展会展出面积 8000 平方米,标准展位 300 余个,预计参观人数近 2 万人次。本届展会在休博会的品牌基础上,分三大主题馆:草根足球馆、国际馆和户外运动馆,精彩呈现。旨在专业化和国际化水平上得到较大的提升。

展会同期活动丰富:国际户外运动产业高峰论坛、城市自行车赛、中国国家杯足球比赛、足球巨星私人签名物品秀、街头足球表演赛、国际足球研讨会等,通过丰富的资讯、多彩的活动向公众推广休闲运动的新观念,为杭州乃至全国各地民众做一次休闲运动观念的洗礼,为展商和观众构建交流合作之平台,让喜欢运动的人尽享运动狂欢之盛宴!

上届展会共有来自美国、德国、波兰、南非、巴西、阿根廷、韩国、日本、中国等12 个国家和地区的 115 个展商参展,展会总展出面积达 8000 余平方米。

展会名称:2012 中国(杭州)国际运动休闲产业博览会

展会时间:2012 年 11 月 1 日至 4 日

展会地点:杭州和平国际会展中心

组织机构:

批准单位:中国国际贸易促进委员会

主办单位:杭州市人民政府

承办单位:中国国际贸易促进委员会杭州市分会　杭州市西湖博览会组委会办公室

杭州市旅游委员会　杭州市体育局

协办单位:杭州市户外运动协会　杭州市休闲运动协会　杭州市自行车运动协会

执行单位:中国国际商会杭州商会事业发展中心　杭州思诺博会展服务有限公司

展会背景

休闲运动产业近几年得到了飞速的发展,尤其在浙江杭州,因为杭州拥有坚实的群众消费基础,2010 年,杭州全市实现生产总值 5945.82 亿元,人均 GDP 达到10103 美元,被评选为"中国十大最奢侈城市"。2010 年,杭州获得了首批"中国(大陆)国际形象最佳城市"称号,并再次荣获"中国十大最具幸福感城市"。浙江的户外运动俱乐部总体约有 90 多家,其中杭州有 50 多家,较大规模的有 20 多家。杭州的户外俱乐部发展至今已经有 4～5 年,俱乐部涉及多个户外运动项目,登山、徒步、攀岩、钓鱼、自行车、自驾等。从经营角度看,杭州的俱乐部发展较为成熟,规模效应显现。杭州的人民群众对于休闲运动类展会的呼声日渐增强,2012 中国(杭州)国际休闲运动产业博览会应运而生。

中国·杭州——休闲运动盛行的城市

杭州——东方休闲之都,品质生活之城;

展会依托杭州庞大的休闲运动市场;

中国休闲体育用品市场成长迅速;

奥运会的群众热情依旧燃烧;

展会同期丰富多彩的活动,为展商提供有力的营销平台;

与专业的协会组织合作,深刻洞悉市场需求;

各大休闲用品及大众传媒为展商提供推广和宣传的机会,有效增加曝光率。

展品范围

※户外用品类:

1.摩托车、越野车等整车及配件;滑板车、滑轮、滑板等用品及装备。

2.野营用品、摄影器材、帐篷、便携/休闲桌椅、充气床/垫、登山攀岩、渔具等户外用品。

3.水上运动用品:皮划艇、冲浪板、帆船、救生衣;泳衣、蛙镜等游泳用品及装备。

※时尚自行车:山地、公路自行车、死飞自行车等整车及配件;手套、帽子等骑行装备。

※足球装备类:足球鞋、运动服、护腿板、手套、球门/门网、草皮维护等装备设施。

※高尔夫球类:高尔夫球杆、高尔夫球鞋、手套等用品及装备。

※健身器材类:跑步机、全功能运转机、立式/卧式健身车等健身器材及相关俱乐部。

※食品饮料类:运动相关的保健食品或饮品。

※电子竞技类:运动类虚拟电子竞技游戏产品。

同期活动:

活动一:中国(杭州)国际户外运动产业高峰论坛

地点:和平国际会展中心会议室

形式:来自国内外上百个户外运动协会共同参与交流合作的专业平台,通过论坛及展会展示创新理念及特色服务

活动二:足球巨星私人签名物品秀

地点:和平国际会展中心

形式:AC米兰巨星签名的数件物品,及其他足球巨星私人珍贵物品展示

活动三:街头足球表演

地点:和平广场

形式:由赛搏足球俱乐部组织的街头足球队伍进行表演,将街头文化与足球技术相结合,充分体现专业体育与休闲运动相结合的特点,贴近百姓生活,激发民众热情。

活动四:城市自行车赛

起终点:和平广场

形式:趣味性城市定点打卡自行车赛

活动五:中国国家杯

地点:下城区体育中心

形式:面向杭州大市范围及周边地区,在华国际友人以国家为单位组成队伍,与本地自发组织的足球队伍进行七人制的足球赛,单循环淘汰制,最后决出冠军球队。

参展费用:

	标　摊	光　地
国际	USD 1000 / 9m²	USD 100 / m²
国内	RMB 6400 / 9m²	RMB 640 / m²

※ 2012年9月15日前报名参展的企业将享受8折优惠!

※ 预订展位面积较大的展商将享受梯形优惠政策。

2012中国(杭州)国际休闲运动产业博览会

真诚期待您的参与!

参展咨询:

杭州思诺博会展服务有限公司 国内组展部

杭州市体育场路229号粮油大厦××室

电话:0571-8577××××　8577××××

传真:0571-8577××××

邮箱:outdoor@sinobal.com

联系人:肖　×　陈××

第三节 招商方案

一、会展招商方案的基本内容

会展招商方案是展会主办者针对邀请的观众而制订的具体执行方案,它是在充分了解会展展品的需求市场这一基础上,合理地安排招商人员在适当的时间里通过适当的渠道而进行的会展招商活动,是对会展招商活动的总体安排和布局。其目的是力争在会展进行时有足够数量的观众到会,以形成较强的会展影响力。一般来说,从市场定位的角度来看,会展招商方案的邀请对象将集中在那些符合会展内容的专业观众上,他们是会展取得良好效果的保证。不过,有时为了从会展的人气等方面考虑,也会将普通观众纳入到招商范围。

就目前国内的会展主办情况来看,绝大多数会展都是既面向专业观众,也同时对普通观众开放的,这主要是从会展发展的现实情形所做的考量。从效果层面上看,这样的做法可以说是利弊参半。

从好的方面来说,这样做自然是扩大了会展的影响力,尤其是在人气的提升方面更是成效显著。但是,必须注意到,面向普通观众,其实也是在自我降低展会的品格,对展会的长期发展来说实际上是不利的。

不管怎样,一旦确定面对两类观众,会展招商方案就要兼顾,在基本内容上则确定为:

(1)制订招商方案的依据。其中包括会展展品的主要消费市场的地域分布情况和需求情况,会展题材所在行业及其相关产业在全国范围内的分布格局,相关产业在不同地区的发展现状,行业内各企业的结构和区域分布情况等等。需要注意的是,这部分的内容一定要符合各有关产业的实际发展状况,既不能拔高,也无需贬抑。因为,以产业发展状况为依据制订的展会招展方案倘若与实际情况脱节,就不再具有任何可操作性。

(2)展会招商分工。这部分是根据展会的实际需要和办展机构的工作计划,对展会的招商工作进行分工安排。其中就包括对各办展单位之间的招商分工进行安排,对本单位内部招商人员及具体招商工作分工进行安排,也包括划定不同地区招商工作的分工负责。

(3)招商渠道和招商措施。所谓的招商渠道和招商措施是指提出展会招商计划使用的各种可能性渠道,以及针对各招商渠道计划采取怎样的招商措施。

(4)招商宣传推广计划。招商宣传推广计划主要包括对配合展会招商所做的各种招商宣传进行规划和安排。

(5)招商预算。招商预算是对各项招商活动的费用支出进行初步预算,以便展会能及时、合理地安排各种所需费用的支出。

（6）招商进度规划。这一项是指对展会的各项招商活动进度进行总体的规划与调控，以保证既控制展会的进程，又能有效地促进展会的质量提升和人气集聚，尤其是对参加展会的人数能从总体上先行把握。

案例分析

2013 中国加工贸易产品博览会招商方案

由商务部、人力资源和社会保障部、环境保护部、海关总署、质检总局、知识产权局和广东省人民政府联合主办的 2013 中国加工贸易产品博览会（以下简称"加博会"）将于 6 月 19—22 日在广东省东莞市举行，为转变经济发展方式，促进加工贸易转型升级，搞活国内商贸流通，使广大人民共享优质加工贸易产品，现就发动各地采购商参加本届加博会通告如下：

一、展会基本情况

（一）名称："2013 中国加工贸易产品博览会"，英文名称：2013 China Processing Trade Products Fair（分别简称为："2013 加博会"、2013CPTPF）。

（二）时间、地点：举办时间定为 6 月 19—22 日，19—21 日为专业采购日，22 日为公众开放日，举办地点为厚街镇广东现代国际展览中心。

（三）主办及承办单位：由商务部、人力资源和社会保障部、环境保护部、海关总署、质检总局、知识产权局和广东省人民政府主办，广东省外经贸厅和东莞市人民政府具体承办。

（四）主要目的：搭建全国外商投资企业和加工贸易企业加快转型升级的支撑平台、产业集聚提升的交流平台、贸易均衡发展的促进平台，着力推动外商投资企业、加工贸易企业由国际市场为主向国际、国内两个市场并举转变，由加工制造业为主向研发、设计、制造、营销并重转型，不断增强综合竞争力，不断提高产品附加值，不断提升综合贡献率。

（五）展会定位：以外商投资企业、加工贸易企业生产的时尚、高端的终端消费品专业年展为主。

（六）展区设置：展会规划展览面积 7.6 万平方米，展位数约 3400 个，设置家电电子、礼品饰品、家居用品、服装鞋帽、食品饮料、文体玩具六大消费品展区，另设置精品馆、采购洽谈区及设备和元器件展区，共九大展区。

二、优惠措施

（一）提供采购商到达地至酒店的接送服务，安排专人定时、定点为参会采购商提供专车接送服务，接送服务时间安排详见加博会官方网站 www.gdfecf.com。

（二）为已报名参会采购商提供一间两晚免费星级酒店住宿服务，并提供酒店至展馆的穿梭巴士服务。

（三）对于有意向组织采购商到会采购的商协会等组织，将给予一定的组织经费补贴。

三、组织工作要求

（一）专人负责。各地商务主管部门和全国性的商协会应指定专人负责本地区和本协会的采购商发动工作，将招商工作联系人表（附表1）报组委会秘书处。

（二）全力发动。各地商务主管部门应大力发动本地区商贸流通领域的商协会、知名批发商、代理商、经销商及商业连锁企业参会。全国性商贸流通领域的商协会和专门的行业协会应积极发动和组织会员企业参会采购，可考虑将会员大会安排在加博会期间举办地召开，组委会将为会员大会和采购商大会提供必要的便利，并将参加展会的采购商人员名单汇总后（附表2）统一报组委会秘书处。

组委会秘书处联系人：黄××、游××

联系电话：0769—2281××××、0769—2281××××

传真：0769—2281××××

电邮：york@dg.gov.cn

加博会查询网址：http://www.cptpf.com

附表：1.各地商务主管部门招商工作联系人表

2.参加2013加博会的采购商人员名单

3.采购商登记表

中国加工贸易产品博览会组委会秘书处

2013 年 3 月 14 日

分析提示：会展招商方案是展览活动中针对即将邀请的观众而制订的方案，对于专业会展来说，邀请具备专业特质的观众到场进行参观、洽谈乃至贸易活动，是参展商最为关心的内容之一。从某种意义上说，专业观众的多寡和质量，往往直接决定着会展的最终效果以及由此产生的外界评价。在招商方案中要求包括制订方案的依据、会展招商分工、招商渠道和措施、招商预算、招商进度安排等内容。由此可见，上引案例有做得比较突出的地方（如工作安排），也存在一部分内容未能予以明确交代的问题。

二、会展招商方案写作的结构与要领

1. 标题

招商方案的标题有两种不同的处理方式:一是由展会的名称及"招商方案"组成。比如"2015年中国国际服装服饰博览会招商方案";另一种处理方式则是采用公文标题的方式,即由发布机关、事由和"公告"组成,从这一点也可以看出,这一方式主要在政府主导型的展会中出现。因此,需要注意的是,两种不同的处理方式各有其适用对象和范围,不能够随便混用。

2. 正文

正文的开头部分一般会用一定的篇幅介绍会展的名称、主办者、过往成就和当前情势,从而引出下文。由于要介绍的内容一般都比较繁杂,所以正文中会采用序号加上小标题的方式逐项分开表述,通常不需要设置结尾。在这一部分,要特别注意时间、地点、招商基本信息的准确性。

3. 落款和发布日期

落款主要就是主办者或者专门设置的组委会的名称,以及相应的联系方式。同时还要注明发布的具体日期。

招商方案在具体编写的过程中,往往居于策划方案中最为重要的一部分,因而方案的细节及内容要在策划书中加以详尽的描述。而针对专业观众进行推广宣传的文案,更是要求考虑对象的需求和关注点,提高吸引力,结合实际来编撰相关的内容条目。同时,具体的写作过程也可以灵活多样,以反映招商组织者的目标和要求为依归。

第四节 邀请函写作

一、邀请函的概念和作用

邀请函通常是指办展机构根据展会的实际情况编写的、用以进行展会招展的一种宣传单。由于是专门针对展会的目标观众,尤其是那些专业观众,所以又叫观众邀请函。一般来说,展会邀请函是通过直接邮寄或网络新媒体手段发送到目标观众手中。正因如此,在邀请函的写作与发放过程中,始终要建基于目标观众的把握与了解,若能建立起相应的数据库则是最佳选择。

就其作用而言,邀请函的作用非常明确,即要邀请专业观众到会参观,恰恰由于发放或寄送的针对性很强,所以一旦形成吸纳,则效果也非常明显。而在时间节点上,邀请函一般是在展会正式举办前一个月左右进入制作和投递流程,这样既保证有较充裕的时间让目标观众收受函件,又不致于时间太久而遗忘漏会。当然,需

要注意的是,若涉会的有外国观众,则更需要考虑时间差的问题,特别是他们会有签证等手续耗时,因此有可能需要在展会开幕前三个月乃至半年前开始进入上述的制作和投递流程,以便他们合理安排参展计划。

二、邀请函的基本内容

从内容上考察,邀请函大致由以下几个部分组成:

(1)展会的基本内容。这些基本内容就包括展会的名称、举办地和时间、办展的负责机构、展会的LOGO、此次展会的特点及优势等基本情况的简单介绍。

(2)展会招展情况。展会的招展情况主要涉及展会要展出的主要展品、参加展出的新产品(新技术、新服务等)和展会招展情况。根据需要还可以将参展的行业内知名企业做重点突出呈现。

(3)展会期间将举办的相关活动。这部分就主要涉及展会期间举办的相关活动的时间、地点和主题。公布这些细节主要是方便观众提前安排时间和做好准备。

(4)参观回执表。参观回执表要求标明参观申请的联系方式和主要联系人,这样做主要是为了让观众能便利地预先登记。

从上面对邀请函内容的罗列可以看出,观众邀请函的内容相对而言更简洁和集中,这是由其使命所决定的。因为对于展会来说,专业观众的到会不仅能使得展会办得有声有色,最重要的是能突出其准确的定位,所以,如何在邀请函中突出展会的特点、优势及介绍展品和参展企业就成了最为核心的问题。

从作用上来看,观众邀请函也是展会扩大营销效果的利器。这一点也很好理解,因为观众邀请函在向外投递的过程中,同时也是在为展会做必要的宣传活动,间接地促进了展会的招展工作。惟其如此,观众邀请函也被用作展会推广的方式之一。

案例分析

专业观众邀请函

尊敬的广告行业人士:

您好!

由中国商务广告协会、中国广告协会霓虹灯广告分会、中国同源有限公司、上海秀博展览有限公司等单位联合组织的中国知名的ADEXPO2011第十二届中国(上海)广告四新展览会将于2011年3月29日至31日在上海光大会展中心(徐汇区漕宝路88号)隆重上演。我们在此期待您的光临,共享全球发展盛事。一年一度的"上海广告四新展"(广告新技术、新设备、新材料、新媒体展览会)自1999年创办以来,每年固定在中国上海举办。在各级政府的大力支持、组织单位的精心打造下,经过11年来的发展,ADEXPO已成为业界知名的专业品牌展会之一。许多企业已视"上海广告四新展"为他们重要展示及交流的平台。综合性与专业性、区域性与国际性的完美结合已使它成为中国规模最大、参加人数最多、国际化程度最高的品牌展会之一,真正成为广告企业展示自己的首选平台,是每年广告大型国际供应商和全球采购商云集的贸易盛会,是广告行业人士济济一堂的最佳场所。

为进一步提高入场观众的质量,减少现场排队等候时间,营造更好的洽谈氛围,如果您是业内人士,请在2011年3月25日前登陆http://www.expo-ad.com注册观众登记,或填写以下回执表E-mail或传真到021-5171×××。×,成功以后免收门票费用,更可获得以下超值回报:获赠价值50元的大会会刊一本。

展前收到主办方寄出的参观指南,使您的参观之行事半功倍;可受邀参加会期的部分研讨会、经验交流会和实地考察活动;入住大会指定酒店,可享受5～6折优惠。

大买家全程贵宾服务,2天免费酒店住宿(大买家指的是采购金额大、采购数量多、品种广的政府采购团和各行业龙头企业,须通过主办单位书面确认)。

参观时间:

2011年3月29日　09:00—16:00

2011年3月30日　09:00—16:00

2011年3月31日　09:00—14:00

参观地点:

上海光大会展中心(漕宝路88号)

参观预登记

1.单位信息 单位名称:

地址:　邮编:　电话:　传真:　网址:

Email:

2.我单位希望:

□　参观　　　□　参加研讨会　　　□　参加实地考察活动

3.本次展会上我单位想购买或了解的产品与设备(名称):

①　　　　②　　　　③　　　　④

是否申请作为大买家:　□是　　　　□否

4.本次展会上我单位最想见到的供应商(名称):

①　　　　②　　　　③　　　　④

是否需要主办单位帮助预约:□ 是   □ 否

5.同时欢迎贵公司其他同事进行预先登记:(可另附名单回传)

姓名: 职务: 部门: 移动电话:

E-mail

6.参观主联系人

姓名: 电话: 邮件:

7.敬请与我们联系,获取更多展会信息

承办方:上海秀博展览有限公司 电 话:021-6432×××× 6432××××
QQ:4956××××

Website:http://www.expo-ad.com E-mail:adexpo-sh@163.com

请您认真填写以上信息并将回执 E-mail 或传真至 021-51714528,收到您的回执后我们将及时为您发送确认信及相关展览信息,请注意查收。(登记截止日期:2011 年 3 月 25 日)

预登记观众现场凭预登记回执及名片,直接进入观众预登记通道换取"入场胸牌"。

以上预登记信息必须真实有效,且只对专业人士开放,否则主办方将拒绝给予确认。

分析提要

就上面的例文可以明显确证,观众邀请函是办展机构根据展会的实际情况编写的,其目的是用来吸引观众参加的宣传性和指导性文案。这一文案专门针对展会的目标观众群体,尤其是那些专业观众发放的。观众邀请函是展会主办方进行招商时的主要文案之一,在编写过程中一定要做到简明扼要、表述清晰准确,使目标受众一看便知。

三、观众邀请函的结构和写法

观众邀请函在结构上主要由四个细部组成,分别是:

(1)标题。邀请函的标题一般是以展会名称加上"观众邀请函"的形式组成。

(2)称呼。称呼的要求是写清楚拟邀请对象的单位全称或个人姓名,若是个人姓名,前面一般要加上敬谓语。

(3)正文。正文部分可以有两种不同的写法:一种是先以一段文字介绍本次展会的基本情况,然后用"现将有关事项告知如下"等类似过渡语引出主体部分。主体部分一般采用分项以小标题(或者序号)的形式加以区分。另一种写法则是全篇以自然段落展开,完全以语句间的起承转合作为过渡与衔接,这种写法就不需要标出小标题(或者序号)。

（4）落款和发文日期。邀请函的落款要写明主办单位或组委会的全称（必要时加盖公章），同时注明发文日期。

四、观众邀请函的写作要求

观众邀请函的内容一般会比展会通讯更为集中、简洁精练，这是由其目的是要吸引观众到会而决定的。在设计制作上，要考虑保持整体一致的风格，除了字体、色调等运用特别有讲究，要注意避免视觉疲劳之外，还需要能成为展会直接营销的助力。

目前，由于互联网的迅猛发展，观众回执也正逐步演变为专业观众登记表的形式并通过网络进行。这一做法在有效降低成本的同时，还存在着是否能实现登记的有效性和广度等问题，这也是需要注意的地方。

第四章　会展执行文案写作

第一节　会展新闻报道写作

一、会展新闻工作概述

会展的整个过程中都离不开新闻工作。前期宣传是为了塑造会展的品牌形象，推动更多的参展商和观众与会；在会展执行过程中，则需要突出新闻报道工作。既是承接此前的相关活动，保持整个会展宣传的一贯性，又是针对性地就会展执行阶段呈现出的风貌对外宣传。

一般来说，展会从筹办之始就会设立专门负责新闻工作的机构，同时还辟有新闻人士的工作场所（很多就以新闻中心命名），为新闻工作提供便利性服务。展会专职人员就应当非常熟悉展会的新闻人员、机构、工作、设施、活动和服务，并能随机有效地加以利用。

展会新闻机构会组织一系列的新闻工作和活动，这些工作和活动既有展会主办方配合专业媒体从事传统的新闻报道，又有以展会主办方为主体开展的各种相关性新闻工作。具体来说，在形式上主要有新闻稿（综合新闻稿、专题新闻稿、新产品新闻稿、新展出者新闻稿、活动新闻稿等）、新闻资料袋、记者招待会、摄影专场、产品报告会等。展出主办方要善于利用好这些相关的工作及机会，争取全方位参与这些活动，向新闻中心（或类似机构）提供产品宣传，提供有关信息材料布置记者招待会现场，并将自己的资料袋送至展会的记者招待会现场分派。

新闻资料主要是用于宣传，其目的在于力图使那些潜在的参展者了解展出项目，调动他们参展的兴趣和积极性。在内容方面，新闻资料要简短、全面。也就是说，既要能简明扼要地交代主要内容，又要能够把涉及的有关会展的基本情况，如时间、地点、内容、性质等，市场的规模、潜力等，组织者联系方式、参展手续、申请截止时间段以及集体展出的优势等各方面信息表达清楚。需要明确的是，新闻资料整理规范，既可以提供给媒体（也包括会展自办媒体如《会展通讯》等）作为新闻报道素材，同时又可以成为会展广告制作的素材来源。

总而言之，新闻工作在会展宣传全局中是一个非常重要的环节。而且，从费用等方面考虑，它经济实惠，并能与媒体建立起合作，往往是免费并且以更可信的方式进行宣传推广,效果比广告还好。因此,相对那些缺少经费预算的展出者更需要在会展新闻工作上多花工夫。

从会展新闻工作的时间段分布来看,它可以出现在会展之前、会展期间和之后。只要精心安排,大小展出者都可以做出亮丽的会展新闻工作。

二、会展新闻稿的特征

会展新闻工作的主要任务之一就是编发新闻稿。会展新闻稿是会展主办方主动提供给媒体的有关展会的主要的和基本的新闻资料。按照新闻媒体自身的运作机制,如果提供的新闻资料质量高,内容新,符合新闻要求,那么被媒体采纳的机会就会大得多。对于那些预算有限的展会来说,新闻稿是最具性价比的宣传方式。需要注意的是,新闻稿内容必须是新闻媒体所感兴趣的,在他们看来是具有报道价值的,否则新闻媒体是不大可能采用的。另外,新闻稿的最终读者是目标观众,因此也就需要了解目标观众的兴趣喜好,根据目标观众的兴趣喜好来安排相应内容。新闻稿的数量可以根据展出者的规模和需要决定,大规模的展会可以相应地多编写一些新闻稿。

新闻媒体是有着自身的运作规律的,比如说报纸就有出版频率和截稿周期,电视台有特定的新闻时间段和编排流程,这就要求展会方根据不同新闻媒体的特点来计算好时间,及时安排新闻稿。由此可以看出,展会方的新闻稿还不能以"不变应万变",而应当随机应变。

会展新闻稿不仅可以提供给新闻媒体,而且还可以提供给参展客户。

会展新闻稿的形式主要有综合新闻稿、专题新闻稿、新产品新闻稿、新展出者新闻稿和活动新闻稿等。

三、会展新闻稿的写作结构

前面已经提到过,会展新闻稿要尽可能地按照新闻媒体的需要来安排,这不仅是指内容的取舍,而且也包括在写作结构上都要符合新闻媒体的制作规则。一篇新闻(消息)的结构通常由标题、导语、主体、背景和结尾五个部分组成。

(一)标题

标题即新闻(消息)的题目。新闻标题要求能够概括事件的主旨,有时可以加上副标题。标题要求能够浓缩新闻内容,传递最新最核心信息。新闻标题是读者选择新闻的依据和阅读新闻的向导,对那些因为事务繁忙不能细致阅读的读者来说,新闻标题能够让他一阅便知大概。

新闻标题有多种组合形式,除了正题,还常常有引题和副题。

1. 正题

高度概括新闻的中心内容,在标题组合中印刷字号最大,位置也最突出。正题可虚可实,以实为主,尤其是只有正题而没有引题和副题的,更是要写实。

2.引题

置于正题的前面以引出正题,其作用是为正题交代背景、说明原因、烘托气氛或揭示意义等。在印刷字号上仅小于正题。可虚可实,以虚题居多。

3.副题

标在正题之后,主要是起补充作用,交代更多的细节。这类题必须以实为主。

会展新闻标题示例

第六届中国国际旅游商品博览会在义乌举行(单行正题)

"飞翔未来"上海航展 6 月 26 日在沪起航(单行正题)

世界顶级奢侈品展 6 月登陆上海(正题)

只请富豪不请官(副题,补充细节内容)

玩具总动员(引题,着眼于虚)

阿里巴巴连续出击两大国际玩具展(正题,着眼于实)

第 19 届郑交会将于 11 日开幕(正题,着眼于实)

19 个国家和地区参展(副题,补充细节,着眼于实)

(二)导语

导语是新闻(消息)开头的第一句话或第一个自然段,是新闻的起始,要做到直接揭示主题,起到统领全文的作用。在写作上,导语要以简明扼要的言辞将新闻事件中最重要同时也最具有新鲜感的部分写出来,以引起读者阅读兴趣。

导语示例

7 月 17 日上午,第五届中国(北京)国际玩具动漫教育文化博览会在国家会议中心开幕。当日,全球 30 多个国家和地区、200 多个知名玩具品牌的上万件新奇产品集中亮相,让不少前来参观的亲子团来到现场后宛如置身"玩具城堡"。据悉,本届玩博会将持续到 20 日。

(提示:在这则导语中,除了交代时间、地点、核心事件等新闻要素外,还突出了玩具品牌之多,带给参观者如置身玩具城堡的体验,起到了揭示主题并吸引读者往下阅读的作用)

(三)主体

新闻(消息)的主体部分在于对导语进一步解释、补充和叙述,是发挥和深化主题的重要部分。一般而言,这一部分的篇幅可以略长,因而能够交代更多的新闻事件细节。从上下衔接来说,主体部分是紧接导语之后,是新闻的展开部分,它能够以充足具体的材料展现新闻的主题。在写作上,主体的表达形式也比较多样,不过为了符合读者的阅读习惯，还是以"倒金字塔"结构最为常见。

（四）背景

顾名思义，背景是衬托新闻事实的材料，它交代新闻事件的环境和条件，有助于读者理解新闻内容和深化新闻主题。背景在新闻的结构中没有固定的位置，它可以单独成段，也可以穿插在行文中介绍。同时，它也不是必需的组成部分。

（五）结尾

结尾和背景一样，不属于新闻（消息）的必需组成部分。有许多新闻（消息）做到戛然而止，反倒有意外功效。比如"倒金字塔"结构就不需要特别另写结尾。若是综合消息、经验性消息以及述评，则往往会有结尾，但是即便如此，结尾也需要简短，不能拖拉冗长。

（一）新闻要素要齐备

对于一则新闻稿来说，构成新闻事实的包括"五个 W 和一个 H"，即何人（who）、何事（what）、何时（when）、何地（where）、何因（why）以及如何（how）。除了某些特定情形下可以省略个别要素外，一则信息明确的新闻稿都得交代清楚这几个要素。

（二）结构要合理

新闻是一种特殊的文体。比如与通常的文学作品相比，文学作品在结构安排上往往将高潮放在通篇的后面，甚至是结尾部分；而新闻（消息）却截然相反，它需要把最重要的事实放在最前面，然后再依序介绍具体内容和其他材料。正因如此，人们就将这种结构称之为"倒金字塔"结构。虽然在目前的媒体上，新闻（消息）也有别的结构形式出现，但"倒金字塔"结构无疑仍然是最占据主流，也最符合读者阅读习惯的表现形式——在新媒体开启的"碎片化"阅读时代尤其如此。

"倒金字塔"结构作为新闻（消息）最主要的结构方式，它要求按新闻素材的重要程度安排写作顺序，把最重要的、最新鲜的、也最为读者关注的材料放在新闻稿的最前面，次要的材料排在后面，依次递减，直至结尾。

采用"倒金字塔"结构，除了方便读者阅读之外，还非常适合编辑处理稿件。因为编辑在改稿时对内容取舍完全可以按照新闻稿的构件，对于那些不必要保留的信息直接从后面删除就可以了。前面提到会展新闻稿写作要尽量配合新闻媒体的运作规律，采取合适的新闻（消息）结构就是其中之一。

（三）叙述是主体

新闻（消息）在表达方式上有特定的要求，这与一般的文艺作品存在较大的差异，具体来说就是全篇主要采用叙述的表达方式（而文艺作品通常会追求多样性的表达）。提出这样的要求是因为读者在阅读新闻的时候，其目的是在于了解事实信息，并追求艺术欣赏——这与读者阅读新闻（消息）的时间空间限定都有关系。

因此，展会新闻稿一般不要做详尽的描写，而是简明扼要地舍去一切可以去掉的成分。当然,这并不是说,展会新闻稿一定排斥其他表达方式的出现,如有时可以加入一些议论,借此点明展会的意义,拓展思想深度,但是不管怎样,这样的议论或其他成分都只能处于从属地位,绝不能占据主要位置。

(四)形式要精悍

与上述几项要求紧密相关,短小精悍的新闻稿不仅有利于在最短的时间里刊发新闻,向读者提供尽可能多的信息,而且也有助于会展本身扩大报道领域,涵盖会展活动的各个方面。

会展新闻示例

首届天津无人机展8月举办中国版"捕食者"将亮相

"2014(天津)国际无人机与航模技术装备展——暨无人机发展与应用高峰论坛"将于8月29—31日在天津体育中心举行,本次无人机与航模技术装备展将"飞行动态展"纳入内容板块,现场演示"飞行观摩、地空表演秀"等,为国内外航空迷、军事迷提供一场以蓝天为舞台的盛宴。

CH-4无人机参展近距离探秘中国捕食者

在世界范围内,无人机技术被认为是军用航空领域未来的发展方向。在此次首届天津国际无人机与航模技术装备展上,中国航天科技集团公司第十一研究院将携彩虹-4无人机参展,让业内专家和现场观众近距离体验中国军用航空的领秀之作。

彩虹-4无人机是中国航天科工集团公司研制的新型无人机,在研制过程中适当借鉴了美国"捕食者"无人机其中合理的部分,其性能高于"捕食者A",被外界称为中国版"捕食者"。

据了解,彩虹-4无人攻击机的飞行高度达7千米~8千米,飞行速度可达300千米/小时,飞行时长为40多个小时,可以连续飞行两天两夜,可执行远距离任务。在武器装备方面,彩虹-4无人攻击机在前翼下方挂了4枚空对地导弹和炸弹,意味着该机不仅可执行侦察任务,还能对地面目标实施攻击。

而据该机型研制方介绍,"CH-4"无人机系侦察和打击为一体,是目前国内同级别无人机系统中挂载能力最强、飞行能力最优的无人机武器系统,可执行反恐作战、禁飞区巡逻等军事行动,并可实现对地面固定目标和低速移动目标的精确打击。

无人机飞行表演趣味多玩转"科普嘉年华"

一直以来,无人机由于其高科技的"光环"以及"绝密"的研发设计,一直保持着神秘的面纱。此次展会为了给到场观众创造与无人机"亲密接触"的机会,将在展会期间举办室内及室外两种无人机飞行表演,让到场人士亲自体验无人机飞翔之旅。

据展会组委会介绍,展会期间现场将专门安排技术人员负责现场调试,地勤人员负责现场安全维护,飞控手掌管无人机的飞行操作。飞行中也会表演各种精彩动作,列队、烟花、芭蕾等多个极限高难度动作将一一呈现,届时将会给现场观众带来精彩绝伦的视觉盛宴。

除了观看无人机飞行表演,部分参展商还安排了专家现场为观众讲解无人机研发、飞行等环节的工艺流程,观众可以清楚地了解一架无人机的全部研发、制作过程。

(稿件来源:凤凰军事)

案例分析

首先得注意这则会展新闻稿的标题采用的是两行式正题,标题中就交代了展会的主要事实,尤其是突出了最为引人注目的信息:中国版"捕食者"将亮相。

其次可以注意到这篇新闻稿在细节交代上处理得非常到位。对于彩虹-4,因为预见会吸引最广泛的关注,所以在介绍上非常细致,而对于其他细节就采取一带而过的方式处理。

最后值得一提的是,这篇新闻稿还比较特别地采取了加入小标题(即上文中除正题外用黑体标明的部分)的做法,这样既是对新闻稿本身的一种分隔,又很好地起到了提示读者关键信息的作用。

第二节 合 同

一、会展合同的概念和法律特征

会展通常会包括会议和展览两个方面。就会议这一块来说,又有国内、国际会议等各种不同的规模、不同种类或不同层次。而展览更是多种多样,就其性质的区分,可以划出消费和贸易两大类;就其内容的不同,可以分为综合和专业两类;就其时间频率的不同,可以分为定期和不定期两种;就其规模层次的区别,可以分为国际、国家、地区、地方、单个公司(部门)的展览等。所以,围绕会议和展览,会展承办单位有大量的工作要做,有诸多配套的服务必须向与会者、参展商以及参展观众提供。在上面所提到的各种不同类型的会展中,一般都会涉及会展主办单位、会展合作者、会展支持者或赞助商、会展承办单位、与会者、参展商、消费者等多方业务关系。为了更好地协调各方之间关系，明确各方在会展业务中的权利与义务，必须按照我国《合同法》的有关规定签订合同，作为会展顺利进行的规范性文本。

会展业务合同有广狭义之分。广义的会展业务合同是指所有围绕会议、展览而依法订立的各种合同总称。狭义的会展业务合同主要是指会展承办单位为租赁会场、展馆等，或者与供货商、销售商洽谈业务时依法订立的设立、变更、终止各方民事权利义务关系的一种书面契约或合约。

会展业务合同主要具有下面的法律特征：

（一）会展合同是双务有偿合同

双务有偿合同是当事人双方互负对等给付义务的合同，即一方当事人愿意负担履行义务，旨在使他方当事人因此负有对等履行的义务，或者说一方当事人所享有的权利即为他方当事人所负担的义务。参展合同中，约定参展组织者为参展商提供服务，包括寻找场地、划分展台、招徕观众等，参展商因此给付参展组织者参展费、展台租赁费等报酬。

（二）参展合同是无名合同

无名合同，又称为非典型合同，是指法律上尚未确定一定名称和规则的合同。目前，我国的《合同法》还没将参展合同单列，参展合同在我国还属于无名合同。对于无名合同而言，除了应适用《合同法》的相关规定外，还要适用民法的诚实信用、公平原则，参照合同目的及当事人的意愿进行处理。就当下情形来说，我国目前相关领域的《合同法》、《消费者权益保护法》、《知识产权法》、《商标法》等都起到了相应的调节作用。

（三）参展合同是要式合同

要式合同，是指必须依据法律规定的方式而成立的合同。对于一些重要的交易，法律常常要求当事人必须采取特定的方式订立合同。我国对举办参展活动的管理采取审批制，需要主办者提交相关的申请文件，批准后对该参展予以登记，主办单位对参展商的资格审核情况还需报登记机关备案。可见，参展合同并非只要双方当事人达成意愿即可成为有效的合同。

二、会展业务合同的主要内容

会展业务合同内容主要有：展览会的名称；展览会的日期；展览会的地点；展览会主办、协办、承办的单位；参展单位和信息；付款的方式；当事双方的签章；日期；合同附件。

三、会展业务合同的写作结构

一般合同的表现形式是非单一的，有口头与书面之分。在书面形式的合同中，又可以是以书信、数据电文等不同形式存在的合同。另外，也还有采用格式条款订立的合同。就会展业务合同来看,其存在形式应当是书面形式。书面合同分为标准合同书和非标准合同书两种。所谓标准合同书是指由一方当事人预先拟定合同条款,对方当事人只能够表示全部同意或不同意;非标准合同书则是合同条款完全由各方当事人协商一致。就现实情况来看,会展业务合同多以非标准合同书为宜,因为这样才能够更好地体现当事人之间的平等和公平。

从行文结构上看,会展业务合同主要由三部分组成:即首部、正文和尾部。

（一）首部

会展业务合同的首部是整个合同书的抬头部分,一般必须写明:

(1)会展业务合同名称。如"××××××展览会参展合同书"、"×××展馆租赁合同"等。

(2)合同各方当事人的身份情况。如展馆租赁合同,就必须写明出租方的单位名称、地址,以及其法定代表人的姓名、职务;再写明承租方的单位名称、地址,以及承租方法定代表人的姓名、职务。另外,如果此展馆系委托第三方所租,则还必须写明委托代理人的身份。

(3)合同订立的依据、目的等。

需要特别注意的是,不同种类的会展业务合同首部内容也不完全相同,但大都遵循着这样的规范性原则。

（二）正文

正文是会展业务合同的核心内容,必须逐条写明:

(1)《合同法》规定的主要条款。这些主要条款包括有关合同标的、数量、质量、价格或者报酬、履行期限、履行地点和方式、违约责任和解决争议方式等的协议意见。

(2)会展业务合同本身性质所决定的有关条款。由于每一种不同类别的会展业务合同特点各自不同,所以这一部分的内容也不完全相同。

(3)组展或参展各方特别要求并达成一致的条款。比如在订立展馆租赁合同时,会展承办单位对展馆设备提出的特殊要求,这不是每一种展馆租赁合同的必备条款,而是此次合同签订时合同一方因业务需要而予以单独提出的。

(4)其他条款。其他条款包括合同的有效期限、合同的份数和页数等必要的信息性条款。

（三）尾部

尾部是会展业务合同的结尾部分,也就是落款部分。一般由会展业务合同各方当事人签名或盖章,并标注合同订立的时间。这是合同生效与否的重要环节。

经过公证或见证的会展业务合同,还要有公证或见证人员写明公证、见证意见,并签名。同时,也必须加盖公证机关或见证单位的印章。

另外,在"附项"部分注明附件名称和份数。

四、会展业务合同的写作要求

会展业务合同是对订立合同各方具有约束性的规范性文件,因此在写作上也有特定的要求。

（一）会展业务合同主体要合格

在订立参展合同时,首先必须要审查订立合同各方主体的资格。根据我国《合同法》第九条规定:"当事人订立合同,应当具有相应的民事权利能力和民事行为能力。"所以,不具备主体资格的自然人、法人或其他组织不能成为会展业务合同当事人(对于这一点要特别注意,因为当事人不成立就意味着合同不具效力)。而对于一些特别的会展业务合同,法律对其主体资格还有进一步的规定。如我国工商行政管理局颁布,于1998年1月1日开始实施的《商品展销会管理办法》规定:商品展销会的举办单位和参展经营者必须具有合法的经营资格。双方要签订正式的书面合同,举办单位还必须到举办地的工商行政管理机关申请办理登记,领取商品展销会登记证之后,才可以发布广告,进行下一步的招商活动。

（二）会展业务合同内容必须合法

会展业务合同的内容就是合同的具体条款。在订立会展业务合同时,对合同的每一项条款都确保要经过严肃认真的审查,核实其中是否有违反法律的内容,是否违背了《合同法》规定的平等、自愿、公平、诚实信用等原则。另外,合同内容还必须符合社会公德要求,不得扰乱社会经济秩序,不得损害社会公共利益。例如,在展出中不得展出法律禁止参展的物品,不得泄露商业机密等。

（三）会展业务合同涉及条款要具体、明确、全面

会展业务合同的内容具体规定了当事人各方的权利与义务,所以其中所列出的条款必须具体、明确、全面,尤其不能产生多义性理解,这样才能有效地规范合同各方行为,使之明确自身所应承担的义务和具备的权利,尽可能地减少纠纷。

会展业务合同示例

合同编号 No. : ＿＿＿＿＿＿＿

2004 中国城市土地市场建设博览会
参展合同书

甲方（组织机构）:深圳市正大邦地实业发展有限公司

联系地址:深圳市华侨城汉唐大厦804室

联系人:＿＿＿＿＿＿ 电话:＿＿＿＿＿＿ 传真:＿＿＿＿＿＿

乙方（参展机构）:＿＿＿＿＿＿＿＿＿＿＿＿＿＿＿＿＿＿＿＿＿＿＿＿

联系地址:＿＿＿＿＿＿＿＿＿＿＿＿＿＿＿＿＿＿＿＿＿＿

联系人:_____ 电话:_____ 传真:_____

甲、乙双方在充分协商的基础上,就乙方参加由国土资源部批准、由甲方具体组织的"2004 中国城市土地市场建设博览会"(简称"中国地博会")各项事宜达成如下协议:

第一条:展会概况

1.展会名称:2004 中国城市土地市场建设博览会(简称"中国地博会")

2.展会时间:2004 年 7 月 7 日至 7 月 10 日(7 月 4 日至 6 日报到、布展)

3.展会地点:深圳高交会展览中心

4.会议论坛:甲方在此期间举办的系列会议和论坛

5.主办机构:国土资源部土地利用管理

中国国土资源报社

综合开发研究院(中国·深圳)

中国土地矿产法律事务中心

6.承办机构:2004 中国城市土地市场建设博览会组委会

深圳市正大邦地实业发展有限公司

第二条:展位及广告订购

1.参展费用。乙方确定参加"2004 中国城市土地市场建设博览会",展示城市土地市场建设成就、城市规划与城市形象,进行城市土地招商宣传推介工作等。乙方租用:

展位面积:_____ 平方米(_____ 米×_____ 米)

展位号码:_____ 馆_____ 号至_____ 号(组委会发放展位确认书)

展位类型:特装_____ 标准展位_____;单价:_____ 元/9m²

展位费用:RMB_____ 元,大写__百__拾__万__仟__百__拾__元整

2.广告费用。乙方预定展会以下广告项目:

(1)会刊广告:版位_____;P 数:_____ 费用:_____ 元;

(2)会场广告:具体包括:_____ 费用_____ 元;

(3)报纸广告:选择_____ 报,广告版面为_____,费用_____ 元;

(4)其他广告:(如网络、电视、门票、室内广告牌等):_____;费用小计:_____ 元;

(5)以上广告费用:RMB_____ 元;大写_____ 百_____ 拾_____ 万_____ 仟_____ 百_____ 拾_____ 元整。

3.公关活动。如论坛赞助、参加土地拍卖会、新闻发布会、土地招商推介与挂牌、客户联谊会等。

公关活动项目:(1)_____;

(2)_____;

（3）_____；

活动费用：RMB _____元，大写_____百____拾____万____仟__
____百____拾_____元整。

4.总体费用。以上1、2、3项费用总计：RMB _____元，大写____百__
__拾____万____仟____百____拾_____元整。

5.签订合同七日内，乙方应将上述费用汇入中国地博会指定账号：

开户银行：深圳民生银行中心支行

账号：181501417000××××

收款单位：深圳市正大邦地实业发展有限公司

第三条：甲方的权利与义务

1.甲方全面组织展会的招商招展工作，对展会进行广泛宣传及推广，展会的主办机构和承办机构确保展会安全、圆满举行。

2.甲方为乙方提供专业的会展服务，包括参展整体营销建议，提供展台整体设计方案；为乙方推荐专业的展览特装、运输公司；为乙方代办有关证件票务、代订酒店等。

3.甲方安排组织宣传、广告、公关工作和活动，吸引参观者，包括国内外投资机构、城市运营机构、城市规划专家等。

4.甲方积极协助乙方举办其他各项招商推介会、洽谈会、新闻发布会等公关活动。

5.甲方有权根据展会场馆实际情况分配展位，有权选择展品。

第四条：参展规则

1.参展城市及单位必须在合同规定的时间内将参展费用付清，否则不能确保安排展位，并追究相应法律责任。

2.若参展者撤回参展申请，必须将书面要求寄到组委会，组委会将酌情退还参展费用；展会开始前一个月内将不受理撤展申请。

3.参展单位在布展最后一天仍未报到入馆，又未做任何解释的，组委会有权将展位作他用，已交展位费用概不退回。

4.展会场地及会场布置由组委会统一安排，参展单位务必服从组委会安排。参展单位按照预定展位布置，组委会有权根据统一部署进行最终调整。

5.展位的装饰、产品的运输和陈列等均由参展单位自行负责，也可委托组委会寻找专业展览服务公司代理执行。

6.参展单位未经组委会同意，不得私自转让展位或容留个体人员出售物品，如私自展出无关物品，组委会有权清理出场。

7.易燃、易爆、有毒等危险品，或对其他参展单位、人员构成危险或妨碍其他人员正常洽谈业务的展品，以及任何不符合大会要求的展品，组委会有权将其撤出展馆。

8.对于贵重物品、易损物品,参展单位自行购买保险。参展单位如损坏或遗失展会场馆内的物品,组委会有权要求赔偿。

9.遇不可测及不可抗拒之因素、天灾人祸等事件,组委会有权缩短或延长展会时间,或者延期甚至取消此次展会,在此情况下,组委会不负责赔偿。

10.展馆内严禁吸烟,参展单位务必遵守组委会在消防和保安措施上的统一管理。

11.标准展位包括三面白色展板、洽谈桌一张、椅子两把、射灯两支、中英文楣板及地毯;租用光地仅提供相应的面积,不包括其他展具、展架、地毯等。

12.按照展馆规定,在展期内,特装展位施工管理费用为25元/平方米,管理费、水费、电费等由参展单位自行负担,由展馆和所委托的展览公司收取。

13.参展商负责自身展区内的安全与防火工作,特装展位需在组委会和展馆规定高度和宽度范围内施工,如因展位坍塌、坠物、失火等原因造成现场人员生命及财产损失,一概由参展商承担赔偿责任,甲方不承担任何赔偿及连带责任。

第五条:其他条款

1.若甲方未按乙方要求或合同条款办理相关事宜而导致损失,或者不可预见原因或不可抗力而造成损失,乙方不承担责任。

2.本协议书自甲、乙双方盖章签字之日起生效。本协议一式四份,具同等法律效力,双方各执两份。

3.未尽事宜,甲、乙双方友好协商解决,可签署补充协议,视为本协议书一部分。

4.若发生纠纷,首先应本着友好原则磋商,磋商不成向深圳市人民法院提起诉讼。

甲方(盖章): 乙方(盖章)

签署人: 签署人:

签署日期:2004年月日 签署日期:2004年 月 日

案例分析

这是一份非常规范、正式的参展合同书。参展合同是展览组织者编写完成的商业合同,参展合同是指会展组织者与参展商之间订立的约定会展活动中双方所涉权利与义务等事项的协定文件。对于组织者和参展商之间的利益关系,以规范、严谨的形式予以明确,防止纠纷的产生,妥善处理展会中的问题,会展合同书起着至关重要的作用。我国会展市场目前还没有统一的格式合同,《合同法》中也没有对展会合同的单独规定。但是,要特别明确的是,作为一种规范经济活动的合同,会展业务合同在编写过程中要特别慎重。

上面展示的这份参展合同书除了介绍性文字之外,其他的各条款都非常具体、明确和全面地标示了合同当事人各方所应承担的义务和享有的权利,是一个值得参照学习的合同范本。

第三节　协　议　书

一、会展业务协议书的概念及特征

会展业务协议书是会展业务中有关当事人之间为设立、变更或者终止民事法律关系而订立的书面契约。在具体操作中,协议书与合同有些类似,所以人们往往把合同书与协议书混同称呼。根据我国法律的有关规定,依法成立的协议,受到法律的保护。不过,需要注意的是,协议书与合同书之间还是存在一些差别的,相对来说,协议书条款不一定像合同书那么具体而微,它的适用范围也比合同书要更为广泛。

会展业务协议书主要有以下几个特征:

(一)目的明确

会展业务协议书制作的目的非常明确,它是当事人在会展业务中为设立、变更、终止一定民事法律后果而订立的。

(二)合意性强

所谓合意性强是指会展业务协议书的订立是当事人双方或多方之间协商一致之后确定的结果。这也是它和会展业务合同不同之处,后者在规范性上更强调先在性,特别是有标准合同的更是如此,即许多条款是强制性规定,而会展业务协议书则更强调当事人之间共同的意愿。

(三)适用面广

由于会展业务协议书是当事人之间基于平等互利的原则确立的,其内容上强调各方一致的意思表达。所以,相对来说可能它的细则不如会展业务合同那么具体,但也因此能适用于更为普遍的范围。可以这么说,凡是围绕会展活动协商一致的事项都可以借助会展业务协议书的形式表现出来。

二、会展业务协议书的种类

根据不同的划分标准,会展业务协议书可以分成不同的种类。在日常实践中,会展业务协议书的种类要比会展业务合同适用和涵盖的范围更广一些,不过其格式、内容方面的规范要求反倒不如会展业务合同那样具体、严格。也正因为如此,当事人各方往往更愿意用"协议书"来代替"合同书"。

从现实情况看,会展业务协议书主要有会展合作协议书、会展委托协议书、参展协议书、会展聘任协议书和会展服务承包协议书等等。

（一）会展合作协议书

会展合作协议书是两个以上会展主办单位在合作主办会展时,依法订立的规范合作参与各方的权利义务关系事项的书面契约。我国国家工商行政管理局《商品展销会管理办法》第十条规定:两个以上单位联合举办商品展销会的,应当提交联合举办的协议书。由此可见,订立协议书是有国家法律法规限定的。

（二）会展委托协议书

会展委托协议书是指会展主办单位和会展承办单位之间,就会展承办事项依法订立的,旨在规范两者之间权利与义务关系的书面契约。此外,会展承办单位在委托招展等业务时也会用到此类协议书。

（三）参展协议书

参展协议书是会展承办单位与参展商之间,为明确彼此的权利与义务关系而依法订立的书面契约。这是会展业务开展过程中非常重要的一种协议书,也是会展业务协议书中最重要的一个品种。

（四）会展聘任协议书

会展在举办过程中都会涉及对工作人员的聘用问题,而会展聘任协议书就是会展承办单位与会展工作人员之间依法订立的书面契约。有了会展聘任协议书,会展受聘人员与会展承办单位之间彼此的权利与义务关系就能够得到规范性认定。

（五）会展服务承包协议书

会展服务承包协议书是会展承办单位与会展服务承包提供者之间依法订立的,为了满足各种不同的会展服务需求,明确供需各方的权利与义务关系的书面契约。由于会展的服务需求项目和种类繁多,且品种各不相同,所以在实际运作过程中会展服务承包协议书的种类和样态也非常丰富。

三、会展业务协议书的写作结构

前面提到过,会展业务协议书比会展合同书涵盖面要广,不过,在具体写作结构上,会展业务协议书也是由首部、正文和尾部三部分组成。

（一）首部

1.标题

如:"××协议书"

2.各方当事人的身份情况

当事人是自然人的,应当写明其姓名、性别、出生年月日、文化程度等协议书需要反映的身份事项。当事人若为法人或其他组织,则应当写明其名称、地址、法定代表人的姓名及职务等。

3.标示该协议订立的目的

（二）正文

正文是会展业务协议书的核心内容，一般要根据不同种类协议书的特点，写清楚当事人各方已经协商达成一致的协议内容（也就是协议书涉及的具体条款）。由于每一种会展业务协议书所要实现的目的不一样，因此这一部分的内容势必也不会完全一样，在制作的过程中就要意识到这一点，并且予以区别对待，注意写作重点。如某参展协议书的内容就可能涉及展品运输日程安排、包装标识要求和费用、税务安排、保险安排、展品处理安排和要求、场地分配和设计、施工安排、宣传和广告、公关安排、展台人员要求和膳食、住宿安排、参展者应当提供的信息材料、退展和退款等具体措施等等。

（三）尾部

尾部由会展业务协议书涉及的各方当事人签名或盖章，并且标注协议订立的时间。

四、会展业务协议书的写作要求

尽管会展业务协议书因要达致的目的不同导致内容上也存在较大差别，但是，一般而言，在写作要求上大致都会遵循以下几点：

（1）主体必须合乎法定资格。在会展业务协议书最后签署之前，一定要确定签署各方是否具备主体资格，有无主办（或承办、参加会展）的资信能力等，否则协议书的效力是要画上问号的。

（2）协议书的条款必须反映签署各方意思宣示。会展业务协议书的内容是各方当事人的合意表达，所以各条款应当充分体现出协议设立的目的，反映出各方当事人的意思，不得违背公平原则。

（3）协议书以书面形式呈现。俗话说"口说无凭"，正是为了避免口头协议会产生的各种不确定性，避免会展业务涉事各方产生纠纷，会展业务协议书一律采取书面形式予以呈现。

（4）协议书中要求有纠纷解决条款。实践中发生的会展业务纠纷大部分都因为合同或协议书中事先没有订立解决纠纷的条款，而直接导致纠纷发生以后容易互相扯皮，当事人求助无门。正因如此，在订立会展业务协议书时就必须设立纠纷解决的条款，如仲裁条款。

（5）会展业务协议书的文字需做到准确规范。协议书的表达文字应当准确、规范，不产生歧义。另外值得一提的是，对已经签订的会展业务协议书不得进行涂改、挖补而影响协议书的法律效力，若出现需要改动的地方，就必须重新订立协议书。

（6）会展业务协议书还要做到手续齐全，符合协议生效条件。

展会合作协议

甲方:广州市汇成展览服务有限公司　　　　　　　　　（以下简称甲方）

乙方:船舶英才网(http://ship.jdjob88.com)　　　　（以下简称乙方）

由广州市汇成展览服务有限公司承办的"2009年第三届浙江台州国际船舶工业博览会"将于2009年9月2—4日在浙江·台州国际会展中心举办。为更好的把展览会及配套活动做好,使双方的合作更趋合理,经甲、乙双方友好协商,达成如下协议:

一、合作内容

甲方义务:

1.甲方将乙方作为支持媒体列入甲方的展会对外宣传资料发布。

2.甲方在《2009年第三届浙江台州国际船舶工业博览会》会刊上免费为乙方发布彩页广告1页,以及字数在300字左右的企业文字简介,稿件由乙方提供并在2009年7月1日前提交给甲方。

3.甲方免费寄送《2009年第三届浙江台州国际船舶工业博览会》会刊一本。

4.甲方免费在其展会网站上为乙方提供广告Logo一个,链接到http://ship.jdjob88.com。

乙方义务:

1.乙方在其网站船舶英才网(http://ship.jdjob88.com)的首页免费为甲方提供一个大小为_221 * 60_的广告Logo位置,链接会到展会专页(www.shipbuildex.cn),链接LOGO由甲方提供;在4月25日以后为甲方免费提供一个尺寸为_450 * 60_的广告logo位置,链接到展会网站(www.shipbuildex.cn),链接LOGO由甲方提供。

二、协议期限与终止

1.本协议自双方签署盖章之日起生效,有效期至"2009年第三届浙江台州国际船舶工业博览会"结束。

2.本协议执行中,任意一方均不可单方面宣布终止。

三、争议解决与适用法律

1.如双方就本协议内容或其执行发生任何争执,双方应进行友好协商,协商不成,任意一方均有权向有管辖权的人民法院提请诉讼。

2.本协议的订立、执行和解释及争议的解决均适用中国法律。

3.本协议以传真为有效。

甲方:广州市汇成展览服务有限公司(盖章)　乙方:深圳市一览网络有限公司

地址:广东省广州市中山大道×××号
　　　骏景南苑泓逸街 14 号 18B
邮编:5106××
电话:020-3837××××
传真:020-3835××××
联系人:双×
签订日期:2009 年 2 月 11 日

地址:深圳市南山区科技园南区
　　　××-××-×区
邮编:5180××
电话:0574-2652××××
传真:0574-2263××××
联系人:张×
签订日期:2009 年 2 月 17 日

案例分析

　　这是一份为展会合作而订立的协议书。协议书涉及两家单位,为达致共同的目的,双方就商定一致的条款达成合作,这就是在合作内容中予以明确规定的各项条款。通过这些条款,协议书当事双方就明确了各自的权利与义务关系。

　　尤其值得指出的是,在这份协议书中就特别注明了若一旦发生纠纷,将采取的解决方式和途径,这样就能防患于未然,使得各种可能的情况都有合理的解决之道。

第五章　会展评估阶段的文案

第一节　会展评价调查

一、会展评价调查工作简介

先来看一则新闻：

近日,上海大学会展专业的 15 名研究生和 36 名本科生受第十五届中国上海国际艺术节组委会委托,独立主持社会接触调查评估,这也是上海大学会展研究院连续第三年应邀进行该项调查评估。

中国上海国际艺术节由国家文化部主办、上海市政府承办,每年 10 月 18 日至 11 月 18 日举办,是中国目前具有影响力的艺术节,已跻身世界十大艺术节之列。自 2011 年开始,艺术节组委会就与上海会展研究院达成了合作协议,连续开展第三方调查评估。调查的目的是准确把握公众满意度,为艺术节的未来发展提供更精准的定位、更具体的目标、更科学的指导和更有效的策略。

据悉,为了更好地完成本次调研任务,上海大学会展研究院早在两个多月前就着手准备,并成立了专门的项目组,设立了组委会、督导员、调查员三级管理机制。在总结前两届调研经验的基础上,从项目分工、问卷设计、志愿者招募及培训、调研实施、数据采集到报告撰写等各个环节,展开了全面系统的研讨和安排。截至 10 月 28 日,现场调研工作已过半,问卷采集数量相比往届同期增长了 12%。(来源于《中国贸易报》,2013 年 11 月 5 日)

从上面所引的这则报道可以看到,在整个会展活动过程中,尤其是接近尾声的时候,对会展进行评价调查所具有的重要意义。

当前,会展调查评价工作在世界会展经济发达国家已经发展得相当成熟。在这些国家通常是全国性统一的行业机构从事会展的评价、认证工作,对各类数据进行审核认证,定期公布认证结果,为会展业内和其他相关机构提供比较分析。德国被公认为世界展览王国,在世界营业额最大的 10 家会展公司中,德国就占了 6 家,全球五大展览中心中有 4 个在德国(杜塞尔多夫展览中心、汉诺威展览中心、科隆展览中心和法兰克福展览中心)。德国会展业成功的关键因素之一就是建立了完善的评价调查机制。这对于处于飞速发展的中国会展业来说具有极其重要的借鉴作用。

展会评价调查是管理性质的工作,是会展整体运作管理中的一个重要环节。通过对展览环境、展览工作和展览效果等方面进行系统、深入的评价和总结,来更深刻地了解展览环境,对已经做过的工作作出客观、公正、真实的评价,同时也为以后的展览工作提高工作效率和效益提供有益的经验和教训。就具体的评估调查工作来看,主要涉及展览规模分析、参展商分析、专业观众分析、参展商满意度分析、观众满意度分析等主要指标内容,而在调查评估所采用的方法上主要是定性和定量方法相结合,尤其突出数据分析。在文案编写的过程中,则要考虑调查报告面对的对象,要研究阅读对象的角度和关注点,应有所侧重,不能千篇一律。

会展评价调查工作是展会工作的有机组成部分,一般而言可以分成两个方面:一方面是对会展的展览环境以及对展览筹办工作、展览后台工作的评价,这一部分工作在展览会结束时完成;另一方面是对展台工作及展览前台工作的评估,这一部分比较复杂,先在展览会结束时针对展台工作进行评估,然后在展览的后续工作过程中跟踪评估。

要对会展工作进行科学评价,其最终的目标当然还是为了提高展览会的价值和服务质量,更为了展会能够持续发展。评价的信息来源主要依据四个渠道:(1)参展商和专业观众的意见、投诉及投诉处理和反馈情况;(2)展览会主办单位或其代理机构所开展的参展商或专业观众意见调查;(3)展览会主办单位尤其是项目部工作人员的总结报告;(4)当地主流媒体和业内专业权威媒体的报道与评价。

二、会展评价调查工作的内容

会展评价调查工作一般可以由参展工作自行完成,也可以委托给专业的调查评估机构来完成。会展是一件涉及面很广、前后延续时间较长的工作,因此评价调查工作所涵盖的内容也相当丰富。具体来说,评价调查的工作可以分为三个主要方面:展览工作评价、展览质量评价以及展览效果评价。

(一)展览工作评价

展览工作评价的主要目的是了解此项工作的质量、效率和成本效益,具体的评价调查既包括定性的内容,也包括定量的内容。具体包括:

1. 有关展出目标的评价

主要根据参展单位的经营方针和战略、市场条件、展览会情况等,评价展出目标是否合适、是否达到预期。

2. 有关展览效率的评价

展览效率是展览整体工作的评价指数,主要通过定量的方式获得。具体的评价方法多种多样,其中一种是展览人员实际接待参观客户的数量在参观客户总数中的比例;另一种是参展总开支除以实际接待的参观客户之商。后一种方式也被称作接触潜在客户的平均成本，这是一个非常有价值的评价指数。只要有足够的经费，参展公司可以接触到所有潜在客户，但是，应该用最少的开支达到这一目的，意即是说追求高性价比。这一评价指数可以直接以货币值来表示，比如接触一个潜在客户的开支为人民币 180 元，就表示参展总开支除以实际接待的参观客户之商为 180。

3. 有关展览人员的评价

展览人员的评价内容包括工作态度、工作效果、团队合作等方面。相对而言，这部分结果不太能通过定量方式获得，一般是通过询问参加过展览的观众来了解和统计，这就主要依赖于观众的反馈，并且带有一定的主观性。另一种方法是计算展览人员在单位时间（如一小时）接待观众的平均数。据美国展览调查公司 1990 年的一项调查结果显示，在 1990 年，71％的展览人员被认为是"很好"和"好"，23％被认为"一般"，6％被认为"差"。该调查指出，如果一个展览单位的评价结果显示差的展览人员超过人员总数 6％，就应当采取措施提高展览人员的素质。

4. 有关宣传工作的评价

包括宣传和公关工作的效率，宣传效果是否比竞争对手吸引了更多的专业观众，资料散发的数量等，对新闻媒体的报道、新媒体平台的反应（比如官方微博或微信公众号的粉丝数、转发量、评价数）也要收集和评价，尤其是会展主办方散发的新闻稿被采纳的数量、方式等，都反映出展览会宣传工作的力度。

5. 对其他人员的评价

对会展的有关其他人员进行评价，包括展览人员组合是否合理，效率是否高，言谈、举止、态度是否得体，展览人员工作时长是否适宜，展览人员工作轮班时间是否紧凑等等。需要注意的是，一般来说，对展览人员和参展者的评价调查属于较为私密的范畴，仅限于内部作后续评估使用，不宜公开。

6. 有关设计工作的评价

定量的评价内容有展台设计的成本效率、展览和其他设施的功能效率等。定性的调查有公司形象如何、展会资料是否有助于展出、展台是否足够突出和能否很好地被识别等。

7. 有关管理工作的评价

这部分包括展览筹备工作的质量与效率，展览管理的质量与效率，每一项工作尤其是培训等方面的工作有无疏漏，需要进行调查评价。

8. 有关开支的调查评价

展览开支是另一个容易引起争论的评价调查内容。对于绝大多数的参展公司，展览只是其经营过程中的一个环节，因此，展览开支并不是展览的全部开支，展览的隐性开支可能更大，要清楚地计算也比较困难。但是即便如此，参展开支仍然需要调查计算，因为它是计算参展成本的基础。

9. 展览记忆率的调查评价

能反映整体参展工作效果的专业评价指数是展览记忆率。展览记忆率是指参观客户在参加展览之后 8～10 周仍能记住展览情况的比例。展览记忆率与展出效率成正比,反映出参展公司给参观客户留下的印象和影响。记忆率高,说明展览形象正面、工作评价高;反之则说明展览形象欠缺、工作评价一般。导致记忆率低的原因可能有:展览人员与参观客户之间缺少直接交流、缺乏后续联系,参展公司形象模糊,所吸引的参观客户品质不高等等。

(二)展览质量调查评价

参展单位要考核一个展览会的质量或层次,需要从展会的参展企业数量、展会售出面积等多方面综合考虑。其中,有关参展企业的评价内容包括:

1. 参展企业数量。参展企业的多少是一个比较直观、简单的定量评价指标。

2. 参展企业质量。这是最重要的因素。参展企业的质量与展出效率成正比,也就是说,参展企业质量越高,展出效率就越高,办展的预期目标实现得就越充分。

3. 平均参观时间。这一指标是指参观者参观完整个展览会所花费的时间,平均参观时间与展览会的效果成正比。

4. 平均参展时间。这个指标是指参展企业参加每次展览所花费的平均时间,可以用这个指标来安排具体展览工作。比如操作示范不要超过 15 分钟,以便留有较充足的时间与参展企业交流。

5. 人流密度指数。这个指数指展览会参观者的平均数量,如果每 10 平方米的范围内有 32 名参观者,那么人流密度指数就是 3.2。不过需要注意的是,人流密度指数不是越高越好,而要结合展会自身的性质来看。一般地说,综合性的消费展会就需要较高的人流密度指数,专业性的展览会则不宜太拥挤。

6. 美国一项调查结果显示,美国参展公司对展览会常常使用 34 种评价标准,其中有 16 项被普遍认为非常重要,这 16 项标准可以归为四大类:参展企业质量、参加数量、展出位置和展出管理。

(三)展览效果评价

对于展览效果的评价,一直存在较大的争议,这主要是源于对工作项目与工作成果之间关系的理解不同。做好展览效果的评价,同时也不要将结果绝对化。对展览效果的评价,可以从以下几个方面展开:

1. 参展效果优异评价

大体上,如果展会接待了 70% 以上的潜在客户,客户平均接触成本低于其他展览的平均值,那么就可以说展览效果是优异的。

2. 成本效益比评价

成本效益也可以称为投资效益,评价因素较多、范围较广。可以用此次展览的成本和收益相比,用此次的成本与此前类似展览项目成本相比,用效益与前次或类似项目效益相比,也可以用展出成本效益与其他营销方式相比等等。一种比较典型的成本效益比是用展出开支比展览成交额。需要注意的是这个成本不是产品成本而是展出成本。另一种也很典型的成本效益比是用开支比建立新客户关系数。由于贸易成交比较复杂,用展览开支比展览成交额所得结果并不是十分准确,而与潜在客户建立关系是展览的直接结果,与客户建立关系意味着未来的收益,因此,可以把与潜在客户建立关系作为衡量展览投资效益的指标。

3. 成本利润评价

有一种评价思路是不仅要计算成本、计算成本效益,还应该要计算成本利润。比如,签订买卖合同,先用成本总开支除以成交笔数,得出每笔成交的平均费用;再用展览总开支除以成交总额,得出成交的成本效益;最后用成交总额减去展览总开支和产品总成本,得出利润;再以展览成本比利润,即成本利润。不同观点认为,展览成交可以作为评价的参考内容,但不能作为评价的主要内容。如果以建立新客户关系数为主要评价内容,则不存在利润,因此,不主张评价成本利润。

4. 成交评价

这里的“成交”包括消费成交和贸易成交。消费性质的展览会以直接销售为展出目的,因此可以用总支出额比总销售额,然后用预计的成本效益比与实际的成本效益比相比较,这种比较可以从一方面反映展出效率。贸易性质的展览会以成交为最终目的,因此成交是最重要的评价内容之一,但也是展览评价矛盾的焦点之一。许多展览单位倾向于直接使用展出成本与展出成交额相比的方法来计算成交的成本效益。但是要清楚这是一种不准确、不可靠的测量方法,因为有些成交确实是通过展览而达成,可也还有许多成交却是不展出也能达成,更多的成交可能是展览之后达成的。因此要慎重做这样的成交评价,尤其是对此类成交评价结果的使用持谨慎态度。

5. 接待客户评价

接待客户评价是贸易类展会最重要的评价内容之一,主要包括:

①参加展览的观众数量可以细分为接待参展企业数、现有客户数和潜在客户数。

②参加展览的观众质量,可以参照展览会组织者的评价内容标准分类统计观众的订货决定权、建议权、影响力、行业地域等,并按自己的实际情况将参展企业分为“极具价值”“很有价值”“一般价值”和“无价值”四类。

③接待客户的成本效益。尤其是与新客户建立关系的成本效益是最重要的评价内容,是此次展览与前次展览,或其他营销方式相比较的重要指标。计算方法是用展览总支出额除以接待的客户数或已建立关系的新客户数。

6. 调研评价

就是通过展出对市场和产品有没有新的了解,有没有更明确的发展和努力方向等加以评价。

7.竞争评价

指在展览工作方面和展览效果方面与竞争对手作比较后得出的结论。

8.宣传、公关评价

这方面的评价比较困难,涉及定性的内容比较多,评价操作比较复杂。具体来看,有:宣传、公关有无效果;效果、效率有多大;是否需要增加投入提升展会形象;形象对实际成交产生怎样的影响等等。

综合起来看,展会后进行调查评价,可以总结经验、发现问题,所以是提高办展水平的重要途径之一。总体而言,对会展进行评价可以在确定评价的思路、方法和步骤之后,设计合理的调查问卷,搜集有关信息,最后对有关材料和数据进行仔细分析,得出展会效果评价,从而对下一届展会的举办提出改进建议。

三、会展调查评价的程序

会展调查评价是对展览环境、工作效果等方面进行系统、深入的考核与评价,是展会整体运作管理中的一个重要环节。会展评价的核心内容是展会效果的评价。展会主办方可通过每次评价的结论与建议,改善展会项目的市场开发和运营管理,及时调整展会方向和运作方式,扬长避短,不断完善自身的展会品牌。参展商通过参展成本、展会效果、成交金额、观众和买家反映等多个渠道进行综合、详细的分析,不仅可以比较评价不同展会的性价比,从中选择成本低而效果好的优质展会,而且还能把参展与其他营销方式如广告、人员推广等在成本效益上作出比较,为今后选择何种方式进行市场拓展提供依据。同样,对会展调查评价工作加强监督,也是会展行业管理机构的一项重要任务。

会展评价调查可以由主办单位自行组织,也可以由市行业协会和主办单位聘请专家或委托专业展览评估机构进行。

会展评价调查是一项系统的、有计划的动态过程,必须遵照一定的步骤进行。一般来说,会展评价调查要经过以下程序:

1. 确立会展评价调查目标

进行会展评价调查,其主要目标就是要了解展出的效率及效益。由于会展效果的评价调查会涉及会展工作项目与工作成果之间的复杂关系,也就导致了会展评价调查目标的复杂化。但不论如何,在进行会展评价时都应该根据展出目标确立评价的具体目标和主要内容,并依据评价目标的主次,排列出优先或重点调查的内容。

2. 选择规范的评价标准

会展效果的评价标准系统包括整体成效、宣传效果、接待效果和成交效果等不同方面。评价过程中应当根据展会目标确定会展评价标准的主次和侧重。例如展会目标就是推销,那么毫无疑问成交效果就是评价标准的主体。确定评价标准的主次之后,还要使之规范化。会展评价标准的规范化是指必须明确、客观、具体、协调和统一,即明确评价标准的主次、侧重,制定出的评价标准要客观,有可操作性;评价标准还需要保持前后一致协调,虽然可能根据实践反馈有所调整变动,但总体上要力求保持前后一贯性,尤其是对具体指标的选择更是如此。

3. 制订评价实施方案

根据确定的会展评价调查标准和需要达致的目标,确定不同阶段具体的调查内容和实施方案,包括不同时间节点的安排、调查抽样分布、调查对象和方法、实施调查方案的人员和经费预算安排等等。制订一份完整的实施方案应包含以下内容:

(1)根据评价调查项目、对象、方法制订方案,明确人员分工,安排各项具体而微的措施;

(2)设计制作各种测评问卷及情况统计表,如针对参展商的问卷调查、针对专业观众的问卷调查等等;

(3)小范围试调查,根据回馈情况修改调查问卷;若实际需要,这样的试调查可以实施数次;

(4)对调查人员进行培训,并对具体实施过程中可能出现的困难和问题拟定应对措施。

4. 实施评价调查方案

首先,通过收集现成的资料、安排记录、召集会议、组织座谈、利用调查问卷向参观者收集情况等手段汇集各种相关信息;其次,对掌握的各方面信息进行数据处理,并进行比较分析。

四、撰写评价调查报告

根据不同阶段的效果测评,进行汇总分析,对整个会展活动过程取得总体评价结论之后,就需要写出评价报告。会展评价报告的内容包括评价项目、评价目的、评价过程与方法、评价结果统计分析、评价结论以及对后续工作的可行性建议等。

会展调查评价报告是反映会展市场状况的有关信息并包括某些调查结论和改进建议的载体,是会展调查评价活动的直接结果和书面呈现。

(一)会展评价报告的写作要求

会展评价报告在写作过程中要遵循这样一些要求:

1. 语言简洁,有说服力;

2. 评价报告必须以严谨的结构、简洁的体裁将调查过程中各个阶段收集到的全部信息有机整合在一起,尤其不能遗漏那些重要的数据。同时在编排上要讲究合理连贯,明确说明结论;

3. 确保出现在评价报告中的所有数据和统计信息都准确无误；

4. 报告还应当对整个会展活动存在的不足之处予以明确指出，并提出可行性改进意见。

（二）会展评价报告的内容

会展评价调查报告可能因具体评价内容的不同而有所区别，但一般而言都会包含以下几个部分：

1. 评价调查的背景和目的。在评价调查背景介绍中，调研人员要对评价调查活动的由来或受委托进行该项调查的具体原因予以说明。说明该项内容时，最好引用有关的背景资料为依据，分析展览活动等方面存在的问题。

2. 评价调查方法。①评价调查对象。说明从什么样的对象群体中抽取样本进行此次调查。②样本容量。是指抽取多少观众作为样本，或选取了多少实验单位。③样本的构成。是指采用什么样的规则抽取样本，抽取样本后的结构如何，是否具有代表性。④资料采集方法。⑤实施过程及问题处理。⑥资料处理方法及工具采用。是指用什么工具（包括计算机软件）、什么方法对资料进行简化和统计处理。⑦访问完成情况。这部分说明访问完成率以及未完成部分或无效访问的原因。

3. 评价调查结果。评价结果是将调查资料数据整理出来，除了用若干统计表和统计图予以直观展示外，报告中还必须对图表、数据隐含的趋势、关系和规律加以客观解析，也就是说要对评估结果进行说明、讨论和推论。评价结果所包含的内容应该反映出评价目的，并根据评价标准的主次来突出所要反映的重点内容。一般而言，评价调查结果的内容要有：展会展台效果、成本效益比、成交笔数、成交总额、接待客户数量、观众质量总评等，当然这些内容也不一定要全部涉及。

4. 结论与建议。结论和建议部分要用简洁明晰的语言对整个调查评价活动作出结论。必要时可以引用相关背景资料加以解释、论证。其中，建议是针对调查评价过程中发现的问题提出可以采用什么样的措施予以改进，以期取得更好的会展效果，或者是如何处理原先未能预见的情况，提出新的行动方案。

五、展会评价调查报告定位

展会评价调查报告要从正反两方面反映展览工作、展览效果以及对本次展览的看法。要注意出于宣传需要而写的新闻总结稿不能等同于此处所说的评价报告。

展览的效果可能有一个延续的过程，完整的评价调查报告往往是在展览会闭幕以后半年、甚至一年后才能完成。由于此时后续工作应该已经完成，贸易效果和效益也已经逐渐显现，展会的总开支也已经可以核算，这样就可以判断展会各种开支是否值得。虽然有关人员和部门（特别是展览业务部门和人员）的兴趣可能已经大为减弱,但是真实地反映展览长期结果和效益的评价报告仍然应呈交管理层和决策层。因为管理层和决策层要考虑的是更为长远的要涉及经营管理层面的问题。

会展评价调查报告示例

推广活动评估表

活动内容	推广活动名称					
	时间					
	推广主题					

活动支出		序号	商品名称	编码	进价	耗用数量	金额小计
	礼品	1					
		2					
		3					
	小计						
		序号	名称	数量	单价	用后是否完好	本次分摊金额
	宣传制作	1	横幅				
		2	喷绘				
		3	印刷品				
	小计						

活动效果评估		项目	目标数量	实际完成
	1.信息宣传	资料派发数		
		现场参观咨询人数		
		到我司展台人数占总参观比重(大约)		
	2.客户关系维护	用户邀约人数		
		现场老用户		
	3.信息收集	来访客户数		
		有望成交客户数		
		对于参加客户的宣传		

续表

项目		评分(满分100)	改进建议
工作效果评估	1.事前准备 对于活动目的的认识		
	活动材料准备是否充分实用		
	对于参加客户的宣传		
	2.现场管理 客户的接待和交流情况评价		
	现场工作人员的表现		
	展示产品效果		
	展台布置的视觉效果		
总结	1.活动效果及经验总结		
	2.存在问题及改进建议		
	3.是否继续参加/举办此类活动		
部门经理评价			
市场部总结			
填表人:	日期:	主管经理审核:	

注:1.活动结束10天内提交本表及《来访人员名单》电子版到市场部。

2.除活动支出外,其余内容由活动负责人填写。

3.本表签字原件随活动费用报销材料一并提交。

案例分析

这是一份有关会展活动中推广活动的调研评估表格。从表格中可以看出,其涵盖的项目是比较周全的,而且都采取了较为科学的分类方式,这样就有利于后期的资料收集和数据整理分析。同时,在表格中还专门列出了"建议"栏目,这是为了帮助后续工作的有序和改进的。应该指出,在展会评估阶段的评价调查工作中,若需要采纳表格的方式进行,这是一个很好的范本。

第二节　会展总结报告

一、会展总结报告的含义与特点

会展总结报告是指对一定时期的会展工作实践或已完成的某一专项会展工作进行全面系统的回顾、分析、调查和研究，判明得失利弊，提高理性认识，并为后续工作提供指导的一种会展应用文书。

会展总结报告可以使办展单位对会展活动的认识上升到理性层次，为下一步的工作或类似活动提供经验和借鉴，以便加强管理办法和转换运作模式，强化市场形势下的企业竞争力。

会展总结报告和一般的总结报告有相似之处，主要表现在：

(一)内容切身

因为会展总结报告是结合会展自身实践活动的产物，并且旨在客观评价整个会展活动过程，以回顾整个会展工作情况为内容，其调用的材料均来自会展工作实践，因此其总结出来的经验也好，教训也罢，都具有极强的针对性。

(二)理论回顾

会展总结报告应当忠实于会展工作实践活动，但是，会展总结报告也不是会展工作实践活动的流水账记录，不能照搬会展实践活动的全过程。它还应当包含对整个会展工作实践的反思，是对会展工作的本质概括，要有建基于回顾了实践全过程基础之上的分析研究，以归纳出会展工作实践的规律性把握，将感性认识上升到理论层次上。

二、会展总结报告的内容

会展总结报告的内容主要包括以下几个方面：

1. 对会展策划方案进行总结。具体包含会展的举办时间、地点、展品范围、展会规模、办展机构组成、会展层次定位、会展价格、人员分工、会展品牌形象策划等多方面细节。

2. 对会展筹备工作进行总结。内容包括协调各项筹备工作的安排与调整等，主要考察筹备是否全面、得当。

3. 对会展招展工作进行总结。内容包括目标参展商数据库的建立和改进办法、展区和展位划分、展览题材的增减、招展价格的合理性、招展函的编印、招展分工、招展代理工作、招展进度安排、招展宣传推广和招展策略等。

4. 对会展招商和宣传推广工作进行总结。内容包括目标观众数据库的建立和改进办法、招商分工、招商宣传推广、招商进度安排、观众邀请函的编印、招商渠道的建立等。

5.对会展服务工作进行总结。内容包括会展的展前、展中和展后各服务环节的服务,以及对这些服务的质量、提供方式等进行总结。

6.对会展现场管理工作进行总结。内容包括对会展布展、开展以及撤展等的现场管理进行总结。

7.对会展指定服务商工作进行总结。内容包括对会展指定展位承建商、指定展品运输代理、指定旅游代理、指定清洁和保安公司等的工作进行总结。

8.对会展的时间管理工作进行总结。内容包括对会展的招展、招商、宣传推广、会展服务、筹展撤展以及会展整体时间管理进行总结。

9.对会展的客户关系管理工作进行总结。

三、会展总结报告的写作规范

在撰写会展总结报告时,需要遵守以下写作规范:

1.要有实事求是的态度。在撰写会展总结报告时,既不可夸夸其谈,只讲成绩,不谈问题,同时也不能把工作说得没有任何可取之处,而要抱着客观、理性的分析思路,如实、准确、全面地反映和评价会展工作的成绩与不足。

2.要有理论价值。一方面,要突出重点,富有针对性,无论是谈会展的成绩还是存在的问题,都不要面面俱到;另一方面,对主要的问题要进行深入的分析,不能蜻蜓点水、点到即止,比如对于成绩的取得,要能够细致地交代清楚为什么能够做到这一步,经验是什么。正是通过经验总结和教训吸取,对会展的总结就上升到理论层次上了。

3.要立足于本单位或本部门。通常,这个会展总结报告会采用第一人称的方式来写。在选用的表达方式上以叙述和议论为主,说明为辅,也可以夹叙夹议。

四、会展总结报告的写作结构

就会展总结报告的写作结构而言,一般都由标题、正文和尾部三个部分组成。

1.标题。会展总结报告的标题大体上有两种构成方式:一种是公文式标题,一种是非公文式标题。公文式标题就是由单位名称、时间、事由、文种组成,如《××公司2013年度会展工作总结》、《××市第×届国际动漫节活动总结》等。非公文式标题就比较灵活,有的为双行标题,如《增强体质,全面贯彻执行教育方针——开展多种形式的体育用品展览活动》,有的为单行标题,如《建设区域市场,推进展会创新》等。

2.正文。总结报告的正文又常常可以分为前言、主体和结尾三个部分。

(1)前言。即正文的开头,一般简明扼要地概述基本情况,交代背景,点明主旨或说明成绩,为主体内容的展开做必要的铺垫。

（2）主体。这是会展总结报告的核心部分，其内容包括做法和体会、成绩和问题、经验和教训等。这一部分要求在全面回顾会展活动情况的基础上，深刻、透彻地分析取得成绩的原因、条件，也探讨存在问题的因素和解决的办法，总之要力图揭示出工作中带有规律性的东西。

不同类型的总结，内容有所侧重，全面性总结其主体包括两个层次，即成绩和经验，存在的问题与教训。对于一般的总结报告，主体内容重点放在成绩和经验上。

总结正文的结构，主要采用逻辑结构形式。全面性总结根据过去一段时间内会展工作的成绩与问题，或者经验与教训之间内部存在的有机联系去组织材料。专题性总结则以经验为核心去组织材料。

（3）结尾。可以概述总结全文，可以说明好的经验带来的效果，也可以提出今后要努力的方向或者需要改进的问题。

3. 尾部。会展总结报告的尾部包括落款和时间。如果标题中已经点明单位名称，这里的落款署名则可以省略。

会展总结报告示例

医保商会组团参加国际生物食品展览会总结报告

为进一步开拓欧洲市场，加强对我国营养保健品及其原材料等产品的宣传，扩大该类产品的出口，经中国国际贸易促进委员会"贸促展管审〔2010〕01886号文"批准，我会组织了陕西嘉禾植物化工有限责任公司、上海信莱化工有限公司、浙江省医药保健品进出口有限责任公司、苏州浩波科技股份有限公司、荣成百合生物技术有限公司等40家企业110人赴瑞士参加了于2010年5月18日至20日在日内瓦PALEXPO展览中心举办的"国际生物食品展览会VITAFOODS INTERNATIONAL 2010"。现将参展情况总结如下：

一、展览会概况

瑞士国际生物食品展览会由英国专业展览公司IIR EXHIBITIONS LTD主办，每年一届，在瑞士日内瓦展出，迄今已成功举办了13届。该展览会最大的特点是客户集中且非常专业，展品范围涵盖广泛，包括功能食品、功能饮品、化妆品、植物药、化学类非处方药、海洋生物制品，维生素、蛋白质、精油、矿物质等原料及其成品和生产技术等。该展览会是欧洲营养保健品和生物食品行业最大的专业展会。

作为本行业内知名的展览会之一，2010年展会有500多家公司参展，在展览会三天时间里，有来自77个国家的8500多名专业人士到会参观，参观商人数比上届展会增长了近5%，其中，来自欧洲的客户占很大比例。

国际生物食品展览会的影响力已远不只一个展览会,展会同期举办的论坛近50场,每一场的听众都络绎不绝,论坛发布了最新行业资讯,并为参展商和参观商搭建了一个极佳的交流平台,大家对展会论坛给予了高度评价。

二、商会组织的中国馆及中国企业的参展情况

医保商会已经连续十二次组织企业参加国际生物食品展览会,并于2003年和IIR公司签订了独家代理协议,开始在展会上搭建中国馆。本届展览会上,我会中国馆面积达436平方米,比去年增长28%,参展企业40家,参展人数110人。

此届展会主办方继续延续去年的做法,为参展商免费组织了新产品展示台,推介近一年来新开发的前沿产品,吸引了广大客户的关注。中国馆内有13家中国公司展出了各自的新产品,包括:德洋华泰生物医药资源有限公司的脂肪酸(Omega-3 Fatty Acid)、山东谷神进出口有限公司的大豆分离蛋白(Soy Lecithin)、桂林莱茵生物科技股份有限公司的甜味剂(Lovia™),这些产品备受欢迎。

我商会展团中各参展公司参展之前都做了比较充分的准备,都能够充分利用此次参展机会,大力宣传自己公司的产品。据不完全统计,展会期间,40家公司共结识了1500个客户,新客户300个。我会中国馆参展企业的实际成交额约200万美元,意向性成交金额约600多万美元,成交品种主要为植物提取物系列产品、氨基酸衍生物、鱼油等。

各参展公司表示,该展会的总体效果不错,尤其是来访客户比较专业,成交机会较大,均达到了预期的参展效果。我展团的40家参展公司中,已有21家公司现场报名参加下一届展会。

另外,出展前,我商会为所有的中国参展企业分发了保护知识产权必读文件,召开集中会议宣传知识产权保护相关知识,并要求参展企业审查参展的所有样品、样本、宣传品及包装等,展会期间未出现知识产权纠纷。

三、市场介绍

中国是传统医药生产大国,药用植物资源丰富,劳动力成本较低,拥有大量优秀的专业技术人员和巨大的国内市场,能够形成产业集群,具有后发优势。中国出口欧盟的保健品及生物食品的主要产品包括:植物提取物、中药材、维生素类、氨基酸类、硫酸软骨素、鱼油、绿藻,中成药和保健食品等。

1.植物提取物

目前,我国植物提取物产业已形成一定的规模,专业化生产企业有300余家,可生产的植物提取物品种众多,产品80%出口海外,主要市场为日本、美国等。

2009年我国植物提取物进出口额达到8.2亿美元,同比增长36.1%,其中出口额达到 6.55 亿美元,同比增加 23.7%;进口额达 1.6 亿美元,同比增加 129.2%。从出口产品结构看,出口金额增幅最大的是天然色素类产品。从单一品种分析,甜菊提取物的出口金额增势明显,2009 年甜菊提取物出口额达到 8430 万美元,同比增加 132%。

2. 维生素

2009 年,维生素类产品占我国医药保健品行业出口总额的 6.29%,占我国西药原料出口总额的 12.5%。2009 年我国维生素类产品出口数量 14.63 万吨,较去年同期下降 5.93%;出口金额超过 20 亿美元,较去年同期下降 3.44%;出口平均价格 14.15 美元/公斤,同比上涨 2.66%。在出口的维生素类产品中,维生素 C 和维生素 E 是两大支柱产品,占维生素类产品出口额的 65%;其他未混合的维生素及其衍生物占比 16%;B 族维生素占比 14%;维生素 A 占比不到 3%。

2009 年,维生素类产品出口数量降幅较大的国家是美国、荷兰、英国、西班牙和意大利;出口数量增幅较大的国家是韩国、印度、法国、越南和印度尼西亚。

近年来,全球维生素市场需求处于稳定上升阶段,我国维生素类产品出口数量自 2005 年以来,每年保持着 5% 以上的增速。但是,国际金融危机爆发对我国维生素类产品出口产生了一定的负面影响,维生素消费市场主要集中在欧美等发达国家,而这些地区正是席卷全球的金融危机的重灾区。2009 年我国维生素类产品出口数量首次出现罕见的负增长,其中对主营市场的出口数量下降了 10%,远远超出全球平均降幅。

四、存在的问题

1. 随着中国经济的快速增长和中国老龄化社会的来临,中国的健康产业正在蓬勃发展。但产品安全事件、法规的设立、标准的提高、外交施压等问题无疑给企业带来了巨大的挑战。因此,企业要加强对国际市场的研究,加强产品的研发、提升企业的管理,加强行业协调与交流,加强与政府主管部门的沟通,才能不断提高企业的竞争力。

2. 瑞士是欧洲消费较高的国家,5 月又是日内瓦国际会议、论坛、展会集中的时间,交通便利的酒店每逢此时价格高且处于饱和状态,建议企业参加商会组织的参展团组,如果独自参展至少要提前 3 个月预订酒店。此外,很多企业的参展资料也是在出发前临时印刷准备的,展画和宣传册的质量、形象宣传上千篇一律,没有创新,商会今后应在此方面加强宣传和推广,提醒企业提前做参展准备,使中国馆成为中国贸易、文化和精神的一种展示。

2010 年 10 月 20 日

案例分析

　　这是一家商会组团参加展览会之后所做的总结报告。从报告的内容上可以看出来,这份总结不仅集中讨论了参展过程取得的成绩,而且很客观地分析了存在的问题,并且探讨了产生的原因。这样,无论是经验概括总结,还是存在问题分析,都从根本上有助于后续会展活动的进行。是一份值得赞赏的会展总结报告。

图书在版编目（CIP）数据

会展文案写作 / 方玲玲，洪长晖主编. —杭州：
浙江大学出版社，2015.5（2022.1重印）
ISBN 978-7-308-14632-6

Ⅰ.①会… Ⅱ.①方…②洪… Ⅲ.①展览会－文书
－写作 Ⅳ.①H152.3

中国版本图书馆 CIP 数据核字（2015）第 082392 号

会展文案写作

方玲玲　洪长晖　主　编

责任编辑	李海燕	
封面设计	续设计	
出版发行	浙江大学出版社	
	（杭州市天目山路 148 号　邮政编码 310007）	
	（网址：http://www.zjupress.com）	
排　　版	杭州青翊图文设计有限公司	
印　　刷	嘉兴华源印刷厂	
开　　本	710mm×1000mm　1/16	
印　　张	10.5	
字　　数	206 千	
版 印 次	2015 年 5 月第 1 版　2022 年 1 月第 6 次印刷	
书　　号	ISBN 978-7-308-14632-6	
定　　价	29.00 元	

浙江省文科基地暨國家教學團隊浙江工業大學

古代文學專業科研資助項目